高级汽车检测工考证指导教材

潘向民　编著

廣東省出版集團
广东科技出版社
·广　州·

图书在版编目（CIP）数据

高级汽车检测工考证指导教材/潘向民编著. —广州：广东科技出版社，2011. 8

ISBN 978-7-5359-5602-6

Ⅰ. ①高… Ⅱ. ①潘… Ⅲ. ①汽车—检测—资格考试—自学参考资料 Ⅳ. ①U472.9

中国版本图书馆CIP数据核字（2011）第159451号

责任编辑：熊晓慧
封面设计：柳国雄
责任校对：陈素华
责任印制：罗华之
出版发行：广东科技出版社
（广州市环市东路水荫路11号 邮政编码：510075）
E-mail: gdkjzbb@21cn. com
http: //www. gdstp. com. cn
经 销：广东新华发行集团股份有限公司
排 版：广东科电有限公司
印 刷：广州市官侨彩印有限公司
（广州市番禺区石楼镇官桥村 邮政编码：511447）
规 格：787 mm × 1 092mm 1/16 印张4.25 字数85千
版 次：2011年8月第1版
2011年8月第1次印刷
定 价：13.00元

前 言

根据规定，技工学校汽车检测专业的毕业生，除各主要学科考试合格外，必须考取高级汽车检测工的技能等级证，方可获准毕业和领取高等职业技工学校毕业证书。未能通过高级汽车检测工技能等级考证者则不准予毕业，不予颁发技工学校毕业证书。

高级汽车检测工技能等级证考核，是由社会劳动保障局辖下的市职业技能鉴定中心统一命题，并负责审批考核。考核内容分为应会（实操）考核和应知（理论）考核两部分。

本书将高级汽车检测工应会、应知考试的项目、内容，操作的步骤、要领、方法和技术要求作了详细介绍，并附有应知考核练习题供参加高级汽车检测工考证的学员了解、熟悉考试题型，掌握应会考试的操作技巧。

在编写过程中，潘金锋、梁雪娟、邓丽婉、冼景舜给予本人大力的支持和帮助，在此表示衷心的感谢。

编　者

2011年6月

目　录

第一部分　高级汽车检测工应会（实操）考核项目操作步骤及技术要求

一、发动机润滑油品质的检测

RZJ–2A型机油质量检测仪如图1–1所示。它采用对污染物有较大灵敏度的平面电容器为传感器，而润滑油试样如同电容的电介质，当润滑油的介电常数变化时，电容值也随之改变。通过专用的数字电路，将其变成数字信号，送入微机处理则可与参考数字比较。当数字显示为零时，数字相等；当数字显示不为零时，数字信号大于或小于参考信号，表示油的介电常数发生改变，以达到检测润滑油质量的目的。

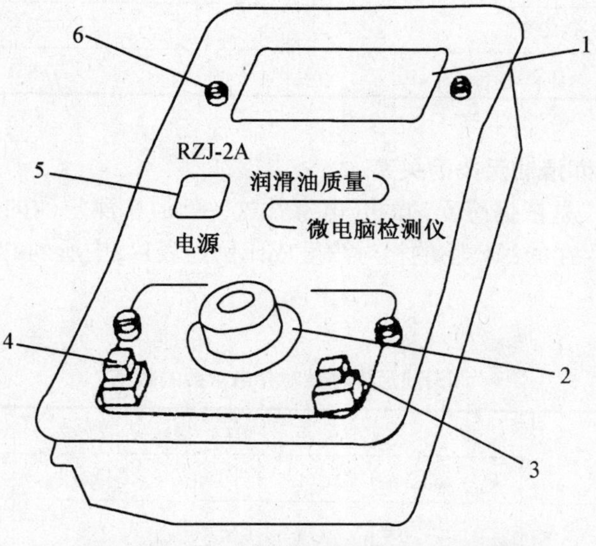

1–数字显示屏　2–润滑油传感器　3–清零按键
4–测量按键　5–电源开关　6–固定螺钉

图1–1　仪器面板示意

（一）仪器操作方法

1. 检测前的准备

打开电源，仪器液晶应依次显示“+00.0”、“+11.1”…“99.9”、“00.0”之后出现“--0”，表示自我检测结束，仪器工作正常，可以测量。但若中间出现的数字与上述不符，则表示仪器有问题，须进一步检查。

2. 测量

在测量前用白色脱脂棉清洁传感器油槽，用3～5滴与被测油样同牌号的新油置入传感器油槽中，一定要使油与油槽边沿平齐（使油液面的反射面为平镜面）；等油扩散完2～5 s后，轻轻按一下“清零”按钮。先显示与上一个零点变化量，约2 s后清零，显示“±000”（按下清零按钮，一定要等4 s以后才能擦拭掉新油）；再彻底清洁传感器油槽，并保持清洁、干燥；用3～5滴被测油样置入传感器油槽中（要求同新油），油扩散后2～5 s，轻轻按一下“测量”按钮，显示出综合测量值，约30 s后显示水分含量范围，以后每隔2 s分别交替显示水分含量范围与综合测量值。测试完毕，清洁传感器。持续测试时，要间歇调整零点，显示结果与水分含量范围之间的关系如表1–1所列。

表1–1　　显示结果与水分含量的关系

水分含量/%	仪器显示值
0～0.2	0.2
0.2～0.4	–2.4
0.4～0.6	–4.6
0.6～0.8	–6.8
>0.8	–8.0

3. 测试结果与润滑油污染的关系

机油品质检测仪是依据感受油的介电常数这一性质来测定油的质量的。介电常数的大小与润滑油中存在的污染物的相对浓度成比例。表1–2中所列的是润滑油污染物及对介电常数的效应。

表1–2　　润滑油污染物及对介电常数的效应

污染物	显示结果		
	向（+）偏	向（+）偏激烈	向（–）偏
氧化物	●		
油泥	●		
污物	●		
燃烧炭烟	●		
酸	●		
防冻液		●	
水		●	
金属粒子		●	
汽油			●

4. 油质仪的换油标准

根据主要理化性能标准、污染指数标准及行车试验结果的验证，建议油污指数

4.2～4.7为汽油机润滑油换油标准，5.0～5.5为柴油机润滑油换油标准。

该仪器不仅能分析润滑油的污染程度，还能分析主要是哪些污染物导致润滑油变质。

（二）油质仪的使用与维护

（1）当数字显示屏上方显示出“LOBA-T”字符时，说明电池电压已<7.2 V，需要更换电池或扩大稳压电源的量程。

（2）开机自检或测试过程中出现“+78.9”时，说明传感器的两条螺旋线被金属颗粒短路，此时应用脱脂棉蘸汽油仔细将金属颗粒擦干净（必要时用放大镜观察传感器螺旋线，用绣花针轻轻将金属颗粒拔掉）。因两条金属线很细，严禁对传感器刻、划、碰。

（3）若按下电源开关后无显示，应检查电池接线柱是否接触不良或断线。

（4）每次测量前，应热机15 min，并不断反复调试零点，这对提高测量精度有所帮助。

（5）传感器对温度很敏感，在雨、雪和雾中不要使用油质仪。

（6）开机自检中出现“+12.3”，说明CPU损坏，需更换；出现“+45.6”，说明存储的程序有问题，需与厂家联系更换；出现“+23.4”，说明“清零”、“测量”按键中有异常导通现象，用万用表测量一下，便可找出故障点并更换；出现数字少画或多画，多由于导电橡胶接触不良，须重新安装；若出现一个或数个数字变化不是同时加“1”地增长或没有“+”号，说明万用表连接电缆接触不良，更换万用表测量接插线即可。

（7）在仪器出现“0”显示状态下，按“测量”或“清零”键，不出现正常显示值，仍为“0.0”，说明按键断线或按下不导通。接上断线或更换按键。

二、发动机冷却系统密封性能的检测

冷却系检测与诊断的目的主要是查明系统中存在的故障，常用的方法有外观检查、气缸密封性检查、水泵性能检查、散热器水管堵塞检查、节温器性能检查及水温表故障检查等。

（一）外观检查

外观检查主要是通过察看散热器、水泵、水管、水套、放水开关等部位是否漏水，冷却水水量是否足够，风扇和散热器的距离是否正确，皮带两侧面是否磨损。外观检查应在静止的冷发动机上进行，因为冷却系统的外部渗漏在冷态时容易被发现。对那些不易接近的部位（气缸体后部、放水阀以及水泵的密封圈等），可以通过留在地面上的水迹判断泄漏部位。

检查风扇皮带松紧度可用拇指压在风扇和发电机皮带轮中间的皮带上，施加20～50 N的力，皮带应能压下10～20 mm。

（二）压力试验

压力试验主要检查内部渗漏。一般常见的内部渗漏有：气缸垫漏气、缸盖螺栓松脱以及缸盖或缸体有裂纹等。下面介绍两种压力试验方法。

1. 气缸漏气试验

可用旧的火花塞壳制成一个连接器，通过它依次对每个火花塞孔输700 kPa的压缩空气，这时活塞应处于压缩行程的上止点。如果将缸盖上的出水软管拆去，气缸漏气时冷却水中将有气泡冒出，或令出水口水位升高。这种方法，也是检验气门漏气的有效方法。另外，还可以采用QLY-1型气缸漏气量检验仪进行检验。

2. 冷却系统密封性试验

在发动机不工作时，将50 kPa的压缩空气从散热器放水阀引入，如图1-2所示，如果气压不降低，表示散热加注口密封正常。启动发动机，在发动机热启动后，再通入20 kPa的压缩空气，若冷却系统工作正常，气压表指针应抖动，不抖动则表示节温器阻塞。气压表指针迅速上升至50 kPa，表示散热器阻塞或气缸垫漏气，此时不应立即停止发动机。停止发动机后，压力表指针不立即下降，故障属于散热器水管阻塞；指针迅速下降，说明气缸垫漏气。在检查过程中，应查看有无漏水处。

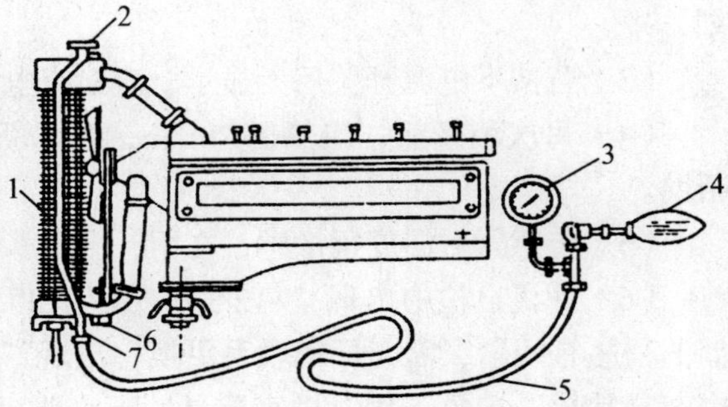

1–散热器　2–水箱盖　3–压力表　4–橡皮球
5–软管　6–放水开关　7–蒸气引出管

图1-2　冷却系统工作情况检查

三、电控汽油机燃料供给系统的检测与诊断

检测发动机运转时燃油管路内的油压，可以判断电动汽油泵或油压调节器有无故障、汽油滤清器是否堵塞等。检测燃油压力时，应准备一个量程为1MPa左右的油压表及专用的油管接头，按下列步骤检测燃油压力。

1. 油压表的安装

（1）将燃油系统卸压。启动发动机，在发动机运转过程中拔下电动汽油泵继电器（或拔下电动汽油泵电源接头），待发动机自行熄灭后再转动启动开关，启动发动机2～3次，燃油压力即可完全释放，然后关闭点火开关，装上电动汽油泵继电器（或插上电动汽油泵电源接线）。

（2）拆下蓄电池负极搭铁线。

（3）拆除冷启动喷油器油管接头螺栓（拆开螺栓时，要用一块棉布包住油管接头，以防汽油喷溅），将油压表和油管一起安装在冷启动喷油器油管接头上，如图1-3（a）所示。油压表也可以安装在汽油滤清器油管接头或分配油管进油接头，或用三通接头接在燃油管道便于安装和观察的任何部位，如图1-3（b）所示。

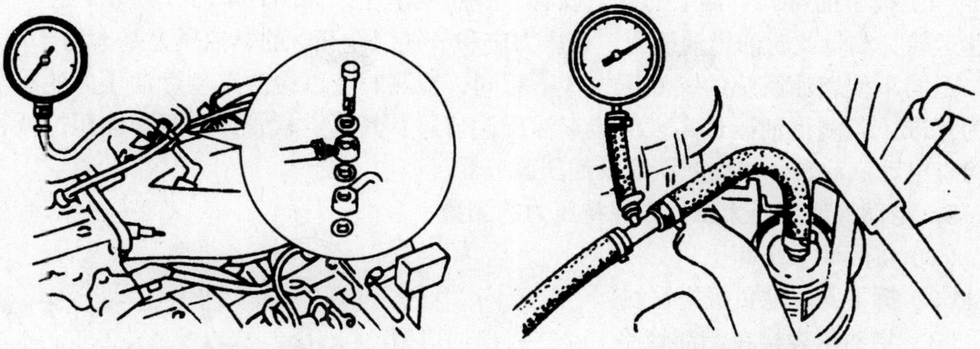

（a）装于冷启动喷油器油管接头上　　（b）接在燃油管道上

图1-3　油压表的安装

（4）擦干溅出的燃油。

（5）重新装上蓄电池负极搭铁线。

2. 燃油系统静态油压的测量

（1）用一根短导线将电动汽油泵的两个检测插孔短接。

（2）打开点火开关（但不要启动发动机），让电动汽油泵运转。

（3）测量燃油压力，其正常油压应约300 kPa。若油压过高，应检查油压调节器；若油压过低，应检查电动汽油泵、汽油滤清器和油压调节器。

（4）拔掉电动汽油泵检测插孔的短接线，关闭点火开关（OFF）。

3. 燃油系统保持压力的测量

测量静态油压结束5 min后，再观察油压表指示的油压。此时的压力称为燃油系统保持压力，其值应≥147 kPa。若油压过低，应进一步检查电动汽油泵保持压力、油压调节器保持压力及喷油器有无泄漏。

4. 发动机运转时燃油压力的测量

（1）启动发动机。

（2）让发动机怠速运转，测量此时的燃油压力，如图1-4（a）所示。

（3）缓慢开大节气门（踩下加速踏板），测量在节气门接近全开时的燃油压力。

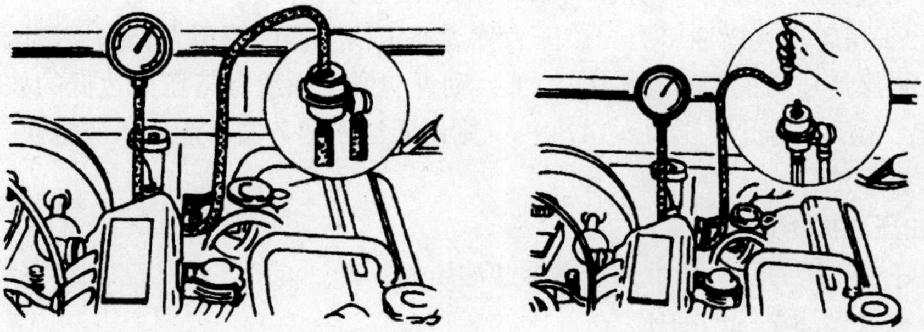

（a）测量怠速及节气门全开时的燃油压力　　（b）测量拔下油压调节器真空软管后的燃油压力

图1-4　燃油压力的测量

（4）拔下油压调节器上的真空软管，并用手堵住，如图1–4（b）所示，让发动机怠速运转，测量此时的燃油压力。该压力应和节气门全开时的燃油压力基本相等。

不同车型燃油系统的燃油压力各不相同，检测时应以检测车型燃油压力的技术要求为标准。若测得油压过高，应检查油压调节器及其真空软管；若测得油压过低，则应检查电动汽油泵、汽油滤清器及油压调节器。

5. 电动汽油泵最大压力和保持压力的测量

（1）将燃油系统卸压。

（2）拆下蓄电池负极搭铁线。

（3）将油压表接在燃油管路上，并将出油口塞住，如图1–5所示。

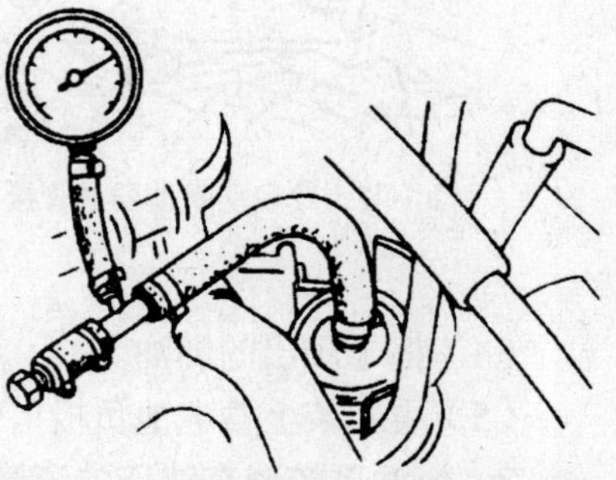

图1–5　电动汽油泵最大压力测量

（4）接上蓄电池负极搭铁线。

（5）使用一根导线将电动汽油泵的两个检测插孔短接。

（6）打开点火开关，持续10 s左右（不要启动发动机），使电动汽油泵工作，同时读出油压表的压力，该压力称为电动汽油泵的最大压力。它应当比发动机运转时的燃油压力高200 ~ 300 kPa，通常可达490 ~ 640 kPa。如不符合标准值，应更换电动汽油泵。

（7）关闭点火开关，5 min后观察油压表的压力，此时的压力称为电动汽油泵的保持压力，其值应＞340 kPa。如不符合标准值，应更换电动汽油泵。

（8）拆下油压表。

6. 油压调节器保持压力的测量

当燃油系统保持压力不符合标准值（＜147 kPa）时，应作此项检查，以便找出故障原因。其检查方法是：

（1）将油压表接入燃油管路。

（2）用一根短导线将电动汽油泵的两个检测插孔短接。

（3）打开点火开关（旋至ON位置），并保持10 s，让电动汽油泵运转。

（4）关闭点火开关（OFF），拔去电动汽油泵检测插孔上的短接导线。

（5）用包上软布的钳子将油压调节器的回油管夹紧。

（6）5 min后观察燃油压力，该压力称为油压调节器保持压力。如果该压力仍然低于燃油系统保持压力的标准（147 kPa），则说明燃油系统保持压力过低的故障不在油压调节器；相反，若此时压力＞147 kPa，则说明油压调节器有泄漏，应更换。

（7）拆下油压表。

7. 油压表的拆卸

测量好燃油压力后，按下列步骤拆卸油压表：

（1）释放燃油系统的油压。

（2）拆下蓄电池负极搭铁线。

（3）拆下油压表。

（4）重新装好油管接头。

（5）接好蓄电池负极搭铁线。

（6）预置燃油系统的油压。

（7）检查油管各处有无漏油。

四、发动机进气歧管真空度的检测与诊断

发动机进气歧管真空度的测定，可以用来诊断气缸活塞组的磨损情况、配气机构的技术状况以及点火和供油系的调整状况。

测定前，应对点火系和供油系进行正确调整，直至正常状态。启动发动机并预热至正常工作温度，然后把真空表软管接到进气歧管上，保持发动机在稳定怠速下运转，如图1–6所示，即可通过真空表的指示来分析判断气缸活塞组和配气机构的技术状况。

图1–6　真空表诊断故障的参数值

1. 发动机密封性正常

真空表指针的指示应稳定在50 ~ 70 kPa。海拔高度每增加304.8 m，则真空表读数相应降低3.38 kPa。发动机密封性正常读数如图1–6（a）所示（白针表示稳定，假想黑针漂移）。

2. 气门与气门座不密封

该气门处于关闭时，真空表指针跌落3 ~ 23 kPa，而且指针有规律波动，如图1–6

（b）所示。

3. 气门与导管卡滞

当气门处于关闭时，真空表指针为有规律地迅速跌落10 ~ 16 kPa，如图1–6（c）所示。

4. 气门弹簧折断或弹力不足

发动机在200 r/min下运转，真空表指针在33 ~ 74 kPa范围内迅速摆动。某一只气门弹簧折断，指针将相应地产生快速波动，如图1–6（d）所示。

5. 气门导管磨损

真空表读数较正常值低10 ~ 13 kPa，且缓慢地在47 ~ 60 kPa范围内摆动，如图1–6（e）所示。

6. 活塞环磨损

发动机转速升至2 000 r/min时，突然关闭节气门，真空表指针迅速跌至6 ~ 16 kPa以下；当节气门关闭时，指针不能回复到83 kPa，如图1–6（f）所示。当迅速开启节气门时，指针不低于6 ~ 16 kPa，则活塞环工作良好。

7. 气缸衬垫窜气

真空表读数从正常值突然跌至33 kPa，当泄漏气缸在工作行程时，指针又恢复正常值，如图1–6（g）所示。

8. 混合气过稀过浓

混合气过稀时，指针不规则跌落；混合气过浓时，指针缓慢摆动，如图1–6（h）所示。

9. 进气歧管衬垫漏气与排气系统堵塞

进气歧管漏气时，真空表指示值比正常值低10 ~ 30 kPa；排气系统堵塞时，发动机转速升至2 000 r/min突然关闭节气门，真空表指针从83 kPa跌至6 kPa以下，并迅速回至正常，如图1–6（i）所示。

10. 点火过迟

真空表指针稳定地指示在47 ~ 57 kPa，如图1–6（j）所示。

11. 气门开启过迟

真空表指针稳定地指示在27 ~ 50 kPa，如图1–6（k）所示。

12. 火花塞电极间隙太小，断电器触点接触不良

真空表指针缓慢地在47 ~ 54 kPa之间摆动，如图1–6（l）所示。

五、柴油机供油提前角与间隔角的检测

供油提前角的调整有两种：一为静态调整，即在静态时把供油提前角调到合适值；二为动态自动调整，即在柴油机运转时随转速变化自动修正提前角。这里主要介绍静态供油提前角的调整。

当没有测试工具时，可以使用经验方法进行应急调整，当有条件时必须按规定调整。喷油泵在柴油机上的连接方法分固定板连接和十字形联轴器连接。前者为柴油机曲轴正时齿轮，是通过中间惰轮接合喷油泵正时齿轮带动喷油泵凸轮轴转动的；后者是由驱动轴通过十字形联轴器带动喷油泵轮轴转动的。所以根据其连接方法和传动结

构，喷油泵喷油提前角的调整有所区别。

柴油机出厂前及工作一段时间或拆装后，都需要进行供油提前角的检查与调整。供油提前角实际上就是喷油泵凸轮轴与柴油机曲轴间的相对角位置，因此供油提前角的调整就是改变两轴间的相对角位置关系。

（一）柴油发动机供油正时的检查

喷油时刻提前至活塞压缩冲程上行结束之前的一段行程，即当时曲柄位置与气缸中心线之间的转（夹）角叫喷油提前角。一般直接喷射式燃烧室为25°～35°，分隔式燃烧室为15°～30°。轻型车（≤2.5 t）为18°～25°，重型车（≥2.5 t）为25°～33°。

喷油泵供油时间的测试方法有许多，生产中常用的主要有测时管法和柱塞预行程法。利用测时管法测试喷油泵的供油时间时，可按以下方法进行操作。

（1）从喷油泵上拆下第1缸的高压油管，在出油阀座上利用橡胶管安装一支测试用的玻璃管，如图1-7所示。

（2）顺时针方向摇转曲轴，使第1缸活塞处于压缩行程上止点前规定的发动机喷油开始的位置。飞轮上或皮带轮上（或在其他处）的喷油正时记号应对正。

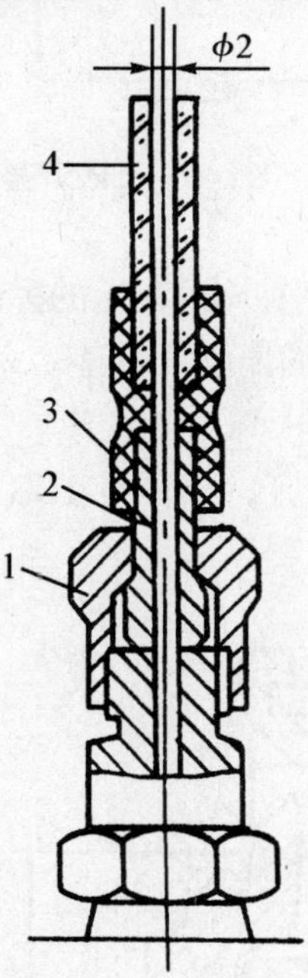

1-螺套　2-出油阀接头
3-橡皮管　4-玻璃管

图1-7　玻璃管安装位置

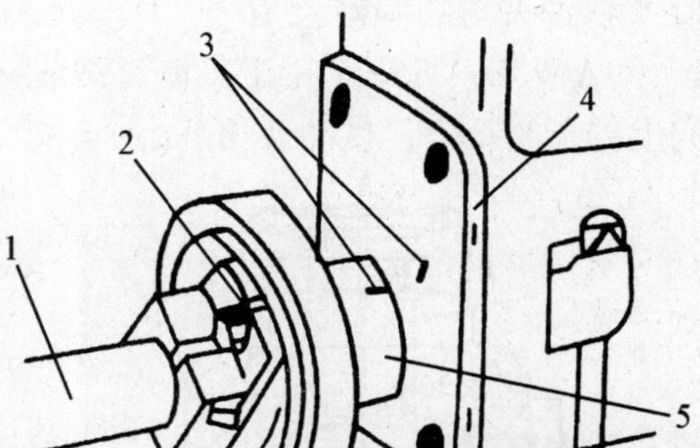

1-驱动轴　2-联轴器刻度线　3-正时刻度线
4-喷油泵壳体削盖　5-联轴器

图1-8　检查联轴器上的刻线

（3）检查时将油泵的操纵手柄放在最大供油位置，再用螺丝刀撬动油泵柱塞使其泵油。油面上升到出油口平面（即玻璃管中能看到油面为止）可以观察到的位置时即停止泵油，再慢慢转动曲轴，待油面开始上升的瞬间即停止转动，此时为该单泵的供油始点（提前角）。观察联轴器上的刻线，应与喷油泵前轴承盖上的刻线相对，如图1-8所示。如超过刻线，表明供油时间太晚；如未到刻线，表明供油时间太早，应予以调整。

（二）测量结果分析

（1）喷油过早。启动时发动机怠速不稳定，突然加速时气缸内发出有节奏清脆金属敲击声。

（2）喷油过迟。发动机启动后发闷，突然加速时，发动机转速不能随之提高，造成气缸内产生低沉不清晰的敲击声。

（三）调整

（1）将油量控制杆推至最大供油位置，并排除喷油泵内的空气。

（2）根据联轴器上的刻线与喷油泵前轴承盖上的刻线相对位置偏差进行调整。由第1分泵供油开始。

（3）通过调整喷油泵上第1分泵的调整螺钉进行调整，如图1-9所示。如供油时间过迟，应将该分泵柱塞副挺杆上的正时螺钉旋出；如供油时间过早，则将该分泵柱塞副挺杆上的正时螺钉旋入，反复调试，直至符合标准。

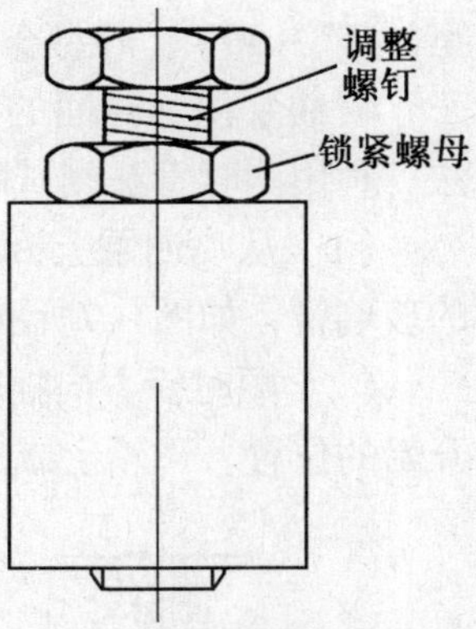

图1-9　正时调整装置

（4）第1缸调整完毕后，依照喷油泵的供油顺序，以第1缸为准，调整其他各缸的供油时间。例如，六缸发动机的供油顺序为1—5—3—6—2—4，依次检查并记录各缸供油时刻，找出各缸供油角度位置。如在调整第5缸供油时间时，应以第1缸开始供油时间在刻度盘上的标记为起点，旋转60°，正好是第5缸开始供油的时间。各缸对第1缸供油夹角的偏位范围应≤±0.5°。

（5）供油夹角的调整。

1）对A型泵，可用专用工具调整滚轮传动部件上的正时螺钉，如图1-10（a）所示，向上拧正时螺钉，供油夹角减小；反之，供油夹角增大。

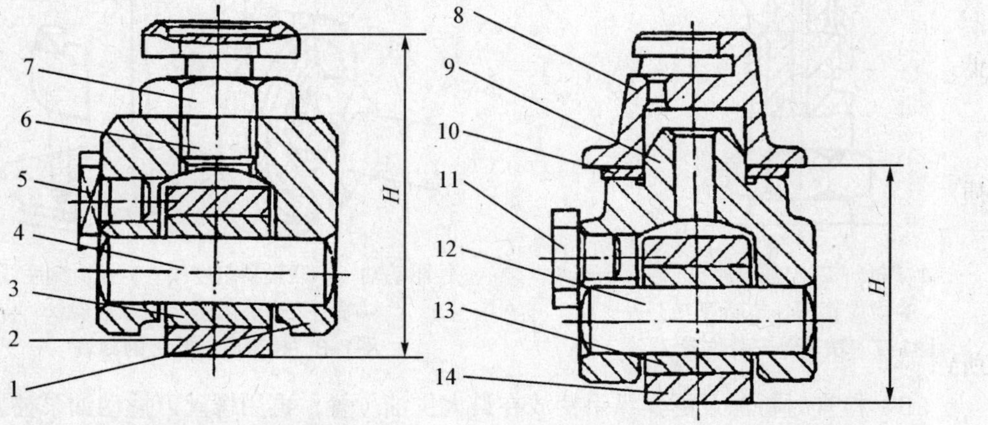

（a）调整螺钉调整结构（A型泵）　（b）调整垫片调整结构（AW型泵）

1–滚轮架　2–滚轮　3–滚轮衬套　4–滚轮轴　5–滑块　6–调整螺钉　7–锁紧螺母
8–弹簧座　9–滚轮架　10–调整垫片　11–滑块　12–滚轮轴　13–滚轮衬套　14–滚轮

图1-10　滚轮传动部件

2）对AW型泵，可用增、减滚轮传动部件上的调整垫片来调整，如图1-10（b）所示。增加调整垫片厚度，供油夹角减小；减小调整垫片厚度，供油夹角增大。

六、自动变速器性能的检测

自动变速器性能检测是判断自动变速器故障的基础。自动变速器的故障往往可以通过相应的性能检测判断出类型和所在部位。自动变速器的性能检测内容可分为基础检验、手动换挡试验和机械试验（机械试验又包括液压试验、失速试验、时滞试验、道路试验和液力变矩器试验）等3个项目。自动变速器的性能检测的目的是：发现故障的部位，以确定维修方法。

（一）自动变速器的基础检验

1. 发动机怠速的检查

将转速表接至发动机，开始怠速检查，使发动机以2 500 r/min的转速高速空转1.5 s，然后再检查怠速转速的高低。装有自动变速器的四缸汽车发动机怠速为750 r/min左右。若怠速不符合规定，则应检查怠速控制阀和进气装置，并予以调整。怠速过低，从P挡挂到D挡时有振动，可能导致发动机自动熄灭。怠速过高，会造成冲击。

当换至行驶挡时，若不踩住制动踏板，这时就算不踩住加速踏板，车辆也应能爬行。

2. 液力传动油油面高度的检查

（1）将车辆置于平坦地面上，并拉紧驻车制动。

（2）让发动机怠速运转至少1 min。

（3）踏住制动踏板，将变速杆拨至各挡并停留几秒钟，最后将变速杆拨至停车挡（P）。

当油温为70～80 ℃时，油面高度应在油尺刻度线上限附近。当油温为室温或低于25 ℃时，油面高度应在油尺刻度线下限附近。油位过低，会造成油压低，管路的压力低；油位过高，会造成液打的现象。造成油位过高的原因可能是进了水或工作温度高。

3. 液力传动油品质的检查

简便的检查方法：察看油尺上的油液，该油液应清澈透亮、无异味、无气泡和杂质且色泽均匀。用手搓油液，有胶质则为油液变质。

（1）正常的颜色一般为红色且无异味、不含杂质。

（2）若油色发白或浑浊，查看密封件及散热器是否损坏。

（3）若油呈深褐色或棕色，则可能是变速器长期高负荷运转或油液使用时间过长所致。

（4）若油呈黑色、发稠、油尺上胶质膏，则可能是油温过高引起。

（5）若油中有金属粒并有微量的碳粒，则应检查离合器片、制动带和单向离合器磨损情况。

（6）若油液有焦味，应检查油温和油面高度是否正常，油冷却器、滤清器和管路是否堵塞，离合器和制动器是否烧损。

4. 液压控制系统漏油的检查

液压控制系统的各连接处都有油封和密封垫，这些部位是经常发生漏油的地方。液压控制系统漏油会引起油路压力下降及油位下降（是换挡打滑和延迟的常见原因）。检查如有漏油，应更换该处油封和密封垫。

5. 节气门阀及拉索（缆绳）检查与调整

（1）首先检查节气门拉索拉动是否灵活、平顺，有无卡滞的情况。

（2）打开空气进气管口，踩动加速踏板，查看节气门开度可否达到全开和全关状态，否则检查和调整加速踏板的联运机构。如果节气门不能全开，则怠速打折扣，应调整拉索长度。

（3）将加速踏板踩到底（当节气门全开时），橡皮防尘罩套和缆绳标记之间的距离应为0 ~ 1 mm，如图1–11。若超出此范围，应调整。调整操作：

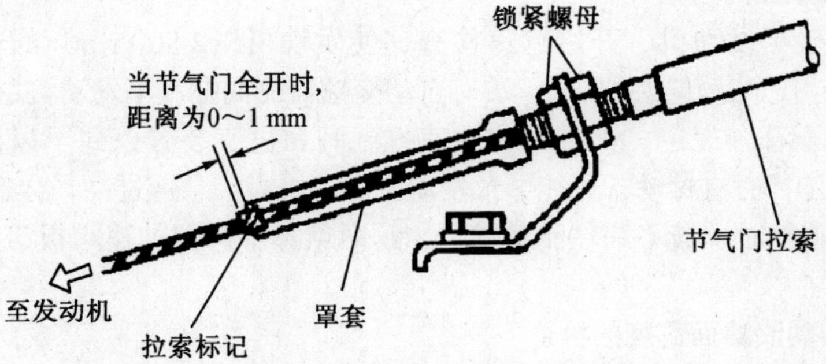

图1–11　节气门阀及拉索的检查与调整

1）距离小时，松开外锁紧螺母再拧紧内锁紧螺母。

2）距离大时，松开内锁紧螺母再拧紧外锁紧螺母。

（4）结果分析：

1）当拉索过松（距离小标记在罩套内），节气门开度减小，油压过低，会引起异常低的换挡点，即变速器换挡时刻提早。

2）当拉索过紧（距离大标记距离＞1 mm），节气门开度加大，油压过高，换挡时会引起冲击，引起异常高的换挡点，即变速器换挡时刻推迟。

6. 模式选择开关的检查

（1）检查电脑PWR端子与车身接地（搭铁）之间的电压。

（2）检查模式开关。

（3）检查模式开关连接线路。

7. 挡位开关的检查

（1）操纵手柄位置检验：将操纵手柄从“N”位置换至其他挡位时，检查其挡位是否正确、挡位开关指示灯显示是否正确。

（2）空挡启动开关的检查：挂P挡和N挡时能启动，挂其他挡时起动机不能转动，如挂其他挡有异常，应调节空挡启动开关螺栓和开关电路。

（3）强制降挡开关的检查：

1）检查发动机和ECT的ECU端子KD与车身接地之间的电压。

2）检查强制降挡开关通、断。

3）检查强制降挡开关连接线路。

（4）制动开关的检查：

1）踩下和松开制动踏板，检查制动灯能否正常亮、灭。

2）检查制动信号。

3）检查制动开关连接线路。

（5）超速挡（O/D）控制开关的检查。

当开关置于“ON”时，操纵杆上有一按钮，按下按钮，“O/D”灯亮，说明超速挡不工作；按钮弹起，接通“O/D”挡开关，仪表板上“O/D”挡指示灯应熄灭，超速挡工作。拔出电磁阀接头，搭上听到有撞击声响，说明正常。

当进行以上项目检查调整后仍不能排除故障，则可怀疑是否变速器损坏。检验是电子控制或手动机械控制故障。

（二）手动换挡试验

（1）脱开电控自动变速器的所有换挡电磁阀导线连接器或接通挡位锁定开关。

（2）启动发动机将变速杆拨至不同位置，然后做道路试验（也可以将驱动轮悬空，进行台架试验）检验是否为电子控制或手动机械控制故障。

（3）观察发动机转速和车速的对应关系，以判断自动变速器所处的挡位，不同挡位时发动机转速与车速的关系可以参考各车型的维修手册。

（4）若变速杆位于不同位置时自动变速器所处的挡位与车型维护手册的要求相同，说明电控自动变速器的阀板及换挡执行元件基本上工作正常，反之说明自动变速器的阀板或换挡执行元件有故障。

（5）试验结束后，接回换挡电磁阀导线连接器。

（6）消除电控单元中的故障代码，防止因脱开换挡电磁阀导线连接器而产生的故障代码保存在电控单元中，影响自动变速器的故障自诊断工作。

（三）机械试验

1. 失速试验

失速试验是检查发动机功率大小、液力变矩器性能好坏及自动变速器中有关换挡执行元件的工作是否正常的一种常用方法，用于诊断自动变速器可能的机械故障部位磨损情况。

（1）试验前的准备工作与注意事项：

1）如果发动机本身或其安装上有隐患，则千万不要进行试验。

2）发动机和自动变速器均应达到正常工作温度时才能试验。

3）汽车的行车制动和驻车制动性能必须良好。

4）液力传动液油面高度要正常。

5）在任一次试验中都不要使节气门全开的时间>5 s。

6）做完一次试验后，要立即降低油温，等油温降下来后才做另一次试验。

（2）试验步骤和过程：

1）将汽车停放在宽阔的水平地面上，前后车轮用三角木块塞住。

2）用驻车制动器或行车制动器把车辆刹死。

3）油温应达到50～80 ℃。

4）启动发动机，将换挡变速杆拨入前进挡D位置。

5）在左脚踩紧制动踏板的同时，用右脚将加速踏板踩到底（≤5 s），在发动机转速不再升高时，迅速读取发动机转速，立即松开加速踏板，使发动机回到怠速状态。比较测量到的转速值与规定值。

6）将选挡杆拨入“P”或“N”位，使发动机怠速运转1 min以上，以防变速器油因温度过高而变质。等油温正常后，再将变速杆分别拨入其他挡位（R、S、L或2、1），做同样的试验。

7）试验完毕，使发动机怠速运转一段时间，以使变速器中的油温在发动机熄火前降下来。

（3）结果分析。

不同车型的自动变速器都有其失速（一般为2 300 r/min）标准，若失速转速与标准值相符，说明自动变速器油泵、主油路油压及各个换挡执行元件工作基本正常。

1）如果D位（前进挡）和R位（倒挡）失速转速相同，且都低于规定值，表明发动机功率不足。如果失速转速比规定值低600 r/min，表明液力变矩器导轮的单向离合器打滑。

2）如果D位（前进挡）和R位（倒挡）失速转速高于规定值，则可能是油量不足，油质过差，主油路压力过低，离合器或制动器存在滑移；如果失速转速过高，高于规定值500 r/min，则可能是变矩器叶片损坏。

3）如果在D挡的失速转速高于规定值，而在R位的失速转速低于规定值，则表明前进挡油路油压过低或前进挡离合器打滑，可能是离合器摩擦片磨损或控制油压过低、油泵或调压阀故障所致。

4）如果在R挡位的失速试验转速过高，而在D挡位的失速转速正常，则表明倒挡及高挡离合器打滑，原因也是摩擦片磨损或倒挡油路油压过低，发动机转矩输出不足或导轮的单向离合器滑移（打滑）。

5）如果汽车加速不良，但失速试验结果良好，则可能是单向离合器被卡住。

2. 延时试验（时滞试验）

（1）试验步骤和过程。

根据延迟时间的长短来判断主油路油压及换挡执行元件的工作是否正常（油路、密封情况以及离合器和制动的磨损情况）、离合器是否打滑。

将汽车停在平地上，拉紧驻车制动器手柄，在N挡时启动发动机，踏住制动踏板，将选挡手柄挂入D挡的瞬间，按下计时器，当感到车辆振动时，松开计时器按钮，读出计时器显示的时间。反复进行几次，取平均值作为测量结果。一般车辆自动变速器的时滞N挡位至D挡位应＜1.2 s；N挡位至R挡位应＜1.5 s。

（2）结果分析。

1）如果从N挡位置换入R挡和D挡位置，时滞时间都过长，则原因可能为油液脏污，控制油液压力过低，或超速挡离合器、直接挡离合器间隙过大。

2）如果换入R挡位正常而换入D挡位时滞时间过长，则原因可能为前进挡控制阀阻滞、前进挡位油路或换挡执行元件活塞泄漏使压力降低、前进离合器等元件间隙过大、D挡位或相应执行元件的液压蓄压器背压泄漏或弹簧变软及折断。

3）如果换入D挡位正常而换入R挡位时滞后时间过长，则原因可能为倒挡控制阀有阻滞；倒挡油路或倒挡执行元件活塞及蓄压器等有泄漏，使压力降低；倒挡离合器、制动器、直接挡离合器等摩擦元件间隙过大；倒挡蓄压泄漏或弹簧过软与折断。

3. 液（油）压试验

液压试验即测量自动变速器的油路压力，是检查液压控制系统各管路及元件是否漏油和各元件（如液力变矩器、蓄压器等）是否工作正常，以判断故障在液压控制系统还是在机械系统的主要依据。

（1）液压试验前的准备：

1）汽车行驶至发动机及自动变速器达到正常工作温度。挡位置于P挡位。

2）将车辆停放在水平地面上，检查自动变速器的油面高度。如不正常，应予以调整。

3）准备一个量程为2 MPa的压力表。

4）找出自动变速器各个油路的测压孔位置，通常在自动变速器外壳上有几个用方头螺塞堵住的测压孔。不论变速杆位于前进挡或倒挡，都有压力油流出处，则为主油路测压孔；只有变速杆位于前进挡时才有压力油流出处，则为前进挡油路测压孔；只有变速杆位于倒挡时才有压力油流出处，则为倒挡油路测压孔。

（2）主油路油压测试方法。

1）前进挡主油路油压测试方法：①拆下自动变速器壳体上的主油路测压孔或前进挡油路测压孔螺塞，接上油压表；②启动发动机，将换挡操纵手柄拨至前进挡D位置；③读出发动机怠速运转时的油压，该油压即为怠速工况下的前进挡主油路油压；④用左脚踩紧制动踏板，同时用右脚将加速踏板完全踩下，在失速工况下读取油压，该油压即为失速工况下的前进挡主油路油压；⑤将换挡操纵手柄拨至空挡N位置或停车挡P位置，让发动机怠速运转1 min以上；⑥将换挡操纵手柄拨至各个前进低挡（S、L或2、1）位置，重复上述③～⑤的步骤，读出各个前进低挡在怠速工况和失速工况下的主油路油压。

2）倒挡主油路油压测试方法：①拆下自动变速器壳体上的主油路测压孔或倒挡油路测压孔螺塞，接上油压表；②启动发动机，将换挡操纵手柄拨至倒挡R位置；③在发动机怠速运转工况下读取油压，该油压即为怠速工况下的倒挡主油路油压；④用左脚踩住制动踏板，同时用右脚将加速踏板完全踩下，在发动机失速工况下读取油压，该油压即为失速工况下的倒挡主油路油压；⑤将换挡操纵手柄拨至空挡N位置，让发动机怠速运转1 min。

试验结果分析：

所有挡位油压均高，为主油路调压阀故障。

所有挡位油压均低，为油泵或主油路调压阀故障。

某一挡位油压偏低，为该挡油路堵塞或泄漏。

（3）油压电磁阀工作的测试。

分别加装两个压力表在压力阀和速控阀的油道上。

工作压力：在怠速750 r/min挂D挡，工作压力应为0.47～0.51 MPa。

速控压力：20 km/h时，压力为0.1～0.16 MPa；40 km/h时，压力为0.2～0.26 MPa；80 km/h时，压力为0.57～0.61 MPa。

（4）节气门油压测试。

若汽车自动变速器上有节气门油压的测压孔，此时可用举升机将汽车升起，在自动变速器上节气门油压的测压孔处接上油压表。启动发动机，逐渐加大节气门开度，便可以测定给定油门开度下的油压。该压力应随节气门开度的逐渐加大而增大，随节气门开度的逐渐减小而减小。

若自动变速器上无节气门油压的测压孔，也可以测量节气门阀的压力。若节气门拉线调整正确，与相对应的升挡车速相比，如果部分节气门开度时升挡车速延迟了或过早了，则可以怀疑节气门压力不正常。升挡或降挡时，若发动机失控（即超速），也可能是节气门压力调整不正确（即过低）。

要注意的是，在未查明节气门拉线是否调整正确之前，不应对节气门油压进行重新调整。

4. 道路行驶试验

道路试验的内容主要有：检查换挡车速、换挡质量以及换挡执行元件有无打滑、异响、漏油等，各换挡点是否符合换挡值，在换挡时是否有冲击，路试前发动机和自动变速器都达到正常工作温度。

（1）升挡检查。

（2）升挡车速的检查。

（3）升挡时发动机转速的检查。

（4）换挡质量的检查。

（5）锁止离合器工作状况的检查。

（6）发动机制动作用的检查。

（7）强制降挡功能的检查。

结果分析：

过程有冲击，原因是换挡阀或速控阀有故障；主调压阀工作不良，会造成油压不高。

5. 液力变矩器启动试验

液力变矩器启动试验，可检验其导轮单向离合器的工作情况，自动变速器的离合器的工作性能和液力变矩器与发动机的共同工作性能。

（1）试验前的准备工作：

1）同时使用脚制动器和驻车制动器，并用三角木塞住前轮。

2）液力传动油面高度要符合规定。

3）运转发动机使其达到工作温度。

（2）试验步骤和注意事项：

1）将变速杆置于前进挡（D）。

2）节气门全开，全开时间应≤5 s。

3）迅速读取发动机最大转速数值。

4）立即放松加速踏板，使自动变速器降温。

七、汽车四轮定位的检测

车轮定位值的静态检测法：根据车轮旋转平面与各定位角间存在的直接或间接的几何关系，用特制的仪器、设备测量其是否符合原厂规定。使用的仪器、设备有气泡水准式、光学式、激光式、电子式和电脑式等车轮定位仪。其中GCD-1气泡水准仪由于其具有结构简单、价格低廉、便于携带等优点，所以在国内获得广泛应用。但它也有安装、测试费时、费力等缺点。其结构如图1-12所示。

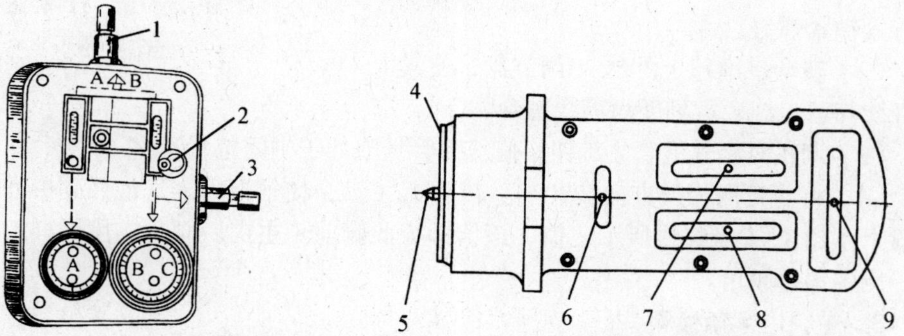

（a）适用大、中、小型汽车的水准仪　　（b）适用小型汽车的水准仪

1、3-定位销　2-旋钮　4-永久磁铁　5-定位针　6-校正水准仪水平状态的气泡管
7-测量主销后倾角的水泡管　8-测量前轮外倾角的水泡管　9-测量主销内倾角的水泡管

图1-12　气泡水准仪

（一）测试前的准备

（1）被检车辆的载荷应符合原厂规定。将车辆放在平坦的地面，前轮处于直线行驶状态，用三角木把后轮前后垫稳。

（2）轮胎花纹深度要相等（无不正常磨损），且气压相等，左右钢板软硬一致。

（3）前轮主销与衬套、前轮轴承的配合间隙符合原车技术要求，横直拉杆球头不松旷。

（二）测试步骤

1. 前轮外倾角的检测

（1）将水准仪黑箭头指示的定位销插入前轮上支架的中心孔内，并使水准仪在左右方向上大致处于水平状态，轻轻拧紧弹簧卡锁紧螺钉，固定水准仪，如图1-13所示。

（2）转动水准仪上的调节盘A，直到对应的气泡管内的气泡处于中间位置。然后在A盘黑色刻度上读出红线所指的角度值，该角度值即为此轮的外倾角。用同样的方法可检测其他车轮的外倾角。

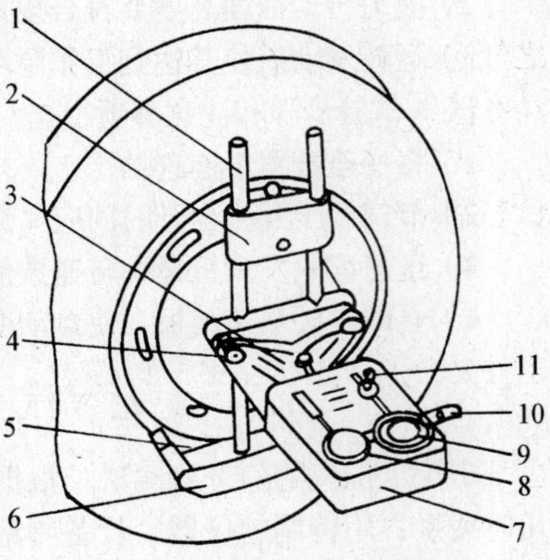

1-导轨　2-活动支架　3-调整支架
4-调节螺钉　5-固定脚　6-固定支架
7-水准仪　8-A调节盘　9-B、C调节盘
10-定位销　11-旋钮

图1-13　检测车轮外倾角和主销后倾角

2. 主销后倾角的检测

前轮外倾角度测定后，不动水准仪，接着进行主销后倾角度值的检测。

（1）将被测一边前轮向内转20°（左前轮侧向左转，右前轮侧向右转），松开弹簧卡锁紧螺钉，使水准仪左右方向处于水平状态，然后拧紧锁紧螺钉。

（2）转动水准仪上的B、C调节盘，使其上的红线与蓝、红、黄刻度盘零线重合。

（3）调整对应气泡管之旋钮，使气泡管气泡处于中间位置。

（4）将前轮向相反方向转20°。转动B、C盘，使气泡管之气泡回到中间位置，在蓝盘上读出B、C盘红线所示之值，该值即为此侧前轮主销后倾角。用同样的方法测出另一侧主销后倾角。

3. 主销内倾角检测

检测主销内倾角度值时，为防止转动转向盘时前轮滚动，必须踩下制动踏板或用一踏板抵压器来压下制动踏板，使前轮处于制动状态。

（1）从支架上取下水准仪，以红、黄箭头所示之定位销插入支架中心孔内，轻轻拧紧锁紧螺钉，使水准仪不会因转动轮而自由运动，如图1-14所示。

（2）将被测前轮向内转20°，松开锁紧螺钉，使水准仪在左右方向上大致处于水平状态，然后拧紧锁紧螺钉。

（3）转动B、C调节盘，使其红色刻线与蓝、红、黄刻度盘零线重合。调节气泡管之旋钮，使气泡处于中间位置。

（4）将前轮向外转40°，即转到直线行驶位置后再向外转20°，调节B、C盘，使气泡管

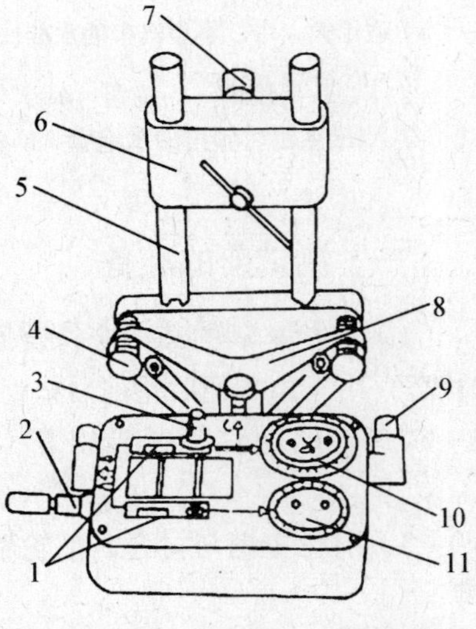

1-导轨　2-活动支架　3-调整支架
4-调节螺钉　5-固定脚　6-固定支架
7-水准仪　8-A调节盘　9-B、C调节盘
10-定位销　11-旋钮

图1-14　检测车轮外倾角和主销后倾角

之气泡回到中间位置，则B、C盘红线在红刻度盘或黄刻度盘所示之值，即为主销内倾角度值。

（5）用同样的方法检测另一侧的主销内倾角。检测左前轮时在黄刻度盘上读数，检测右前轮时在红刻度盘上读数，简称左黄右红。

4. 前轮前束值的检测

（1）调节标杆长度，使标牌内间距略大于被测汽车的轮距，使聚光器光束指针大致可投射到标牌的中间位置（“20”左右），如图1–15所示。而两边两根标杆一定要调整到等长，特别是标牌间距一定要相等，否则将直接影响测量结果。

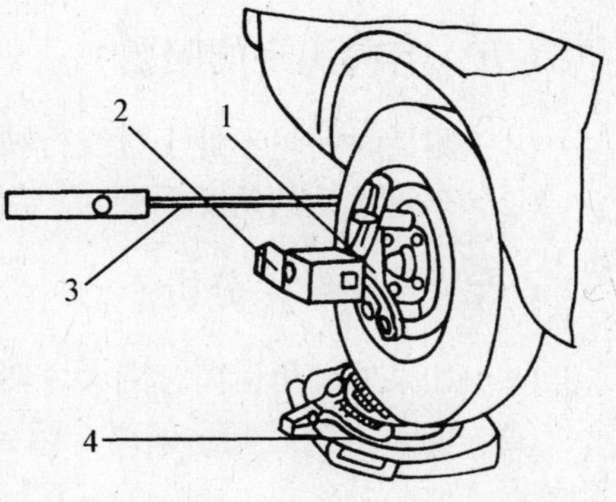

1–支架 2–聚光器 3–标杆 4–转盘

图1–15 检测前轮前束

（2）将已调好的两根标杆分别放置在被测桥的两侧，平行于该桥，使其间距为车轮前束规定测量处（例如轮辋边缘）直径的7倍，即每一标杆距车轮接地中心之距离为车轮前束规定测量处半径的7倍。

（3）将一侧聚光器之光束投向前标杆之标牌上，使其指针指于某一整数（如“20”），再向后将聚光器光束投射到后标杆之标牌上，平行移动后标杆，使指针落在前标杆同一指示数上（即“20”），之后将另一侧聚光器依次向前标杆和后标杆投射光束，读出指针指示值，依指示值计算前束值。

（三）技术要求

常用的汽车前轮定位有关技术数据如表1-3所列。

表1–3 常见车型前轮定位值

汽车型号	主销后倾角	主销内倾角	前轮外倾角	前轮前束
东风EQ1091	2° 30′	6°	1°	1 ~ 5 mm
解放CA1091	1° 30′	8°	1°	2 ~ 6 mm
奥迪100	1° 16′	14° 20′	—0° 30′ ±30′	0.5 ~ 1 mm
北京BJ130	1° 30′	7° 30′	1°	1.5 ~ 3 mm
北京BJ212	3°	5° 30′	1° 30′	3 ~ 5 mm
跃进NJ130	3° 30′	8°	1°	1.5 ~ 3 mm
黄河JN150	2°	6° 50′	1° 40′	6 ~ 8 mm
上海SH760	21° 50′ ~4°	0°	0° ~1°	0 ~ 2 mm

（四）检测中应注意的事项

（1）用手按着水准仪，调气泡处于中间位置，注意放开手后，气泡所处位置有没有变化。

（2）应按标准找好测量点。

（五）容易出现的问题

（1）测量时前轮不处于直线行驶状态。

（2）车轮转动的角度不准。

（六）诊断结果分析

（1）如果外倾角偏离，则会令转向操纵沉重。原因可能是前桥有变形。

（2）如果主销后倾角偏离，则会令方向不稳。原因可能是弹簧钢板、车桥变形或移位。

（3）如果主销内倾角偏离，则会令方向盘不能自动回正。原因可能是车桥或车架变形。

八、气压制动系统密封性能的检测与诊断

用882 kPa气压进行试验，制动阀、制动气室、贮气筒和管路等有关零部件和接头均应无漏气现象。

如无试验设备，可对气压制动系统进行就车试验。试验方法是：使发动机以1 200 ~ 1 350 r/min转速运转，测试达到一定气压所需的时间和能达到的最高气压，时间和最高气压应符合规定，制动系统应无漏气、杂音和轴承过热等现象；在不制动情况下将发动机熄火，贮气筒内气压600 kPa时，3 min内气压降低值一般应≤10 kPa；在气压为600 kPa情况下将制动踏板踩到底，待气压稳定后3 min内气压降低值一般应≤20 kPa。

九、液压制动真空增压器性能的测试

（一）检修

1. 拆卸步骤

（1）通气管→控制阀口座→回位弹簧、膜片→控制阀活塞→出油口大螺母。

（2）回位弹簧→辅助缸活塞、球阀→卡箍→加力气室膜片连推杆→辅助缸→双密封圈→球阀。

2. 清洗

用制动液或酒精清洗各零部件。

3. 零件检修

（1）加力气室壳体不能有裂纹和严重变形。加力气室大膜片如有老化、裂纹等应更换。

（2）回位弹簧要有弹力，不能有严重生锈、损伤、断裂变形或弹性下降，否则应更换。动力推杆不能弯曲、扭曲、磨损。

（3）球阀应无裂纹、磨损、剥落等现象。缸体里面应光滑、无拉花和无积垢，不能有起坑和磨损斑点。

（4）辅助缸不应有裂纹，缸壁上不能有明显的划痕，活塞应无擦伤、氧化现象，与缸筒的配合间隙一般为0.02 ~ 0.063 mm，不应>0.13 mm，否则应更换。

（5）在修理时，双密封圈、活塞皮圈一般应更新，但如无软化、老化、损伤、变形发胀等现象，且技术状况良好，则仍可继续使用。

（6）控制阀膜片皮碗、密封圈、软管等橡胶制品不能发胀、爆裂、老化、磨损，真空阀、空气阀密封面不能有损伤、起坑。

（二）测试

1. 功能试验

发动机熄火后先踩几次制动踏板，以消除加力气室原有的真空。用中等力度踩下制动踏板，并保持在一定位置，然后启动发动机重新建立起真空，若此时感觉制动踏板的位置有所下降，说明真空增压器功能正常；若踏板下降后又顶起，说明辅助缸阀密封不严。

2. 密封试验

在发动机未启动前连续踩制动踏板几次后踩住制动踏板，若制动踏板徐徐下落，则表明真空增压器有故障。启动发动机在怠速下运转，将制动踏板踩到底并保持不动，若有反弹现象，说明增压缸活塞皮碗或单向阀不密封。

十、汽车空调系统性能的检测

衡量汽车空调优劣主要有温度、湿度、流速和清洁度4个指标。

表1–4　　汽车空调技术要求

指标	温度（冬）/℃	温度（夏）/℃	相对湿度	风速/ms	CO含量/%	噪声/dB
舒适	16 ~ 18	22 ~ 28	50% ~ 70%	0.075 ~ 0.2	<0.01	<45

汽车空调技术要求见表1–4。汽车空调系统性能可通过简易方法来检测，常用的检测方法有如下几种。

（一）通过视液镜判断系统内制冷剂量

（1）将歧管压力表接在制冷系统上的吸气检修阀和排气检修阀上，以测定制冷系统高低压力。

（2）启动发动机，将空调选择开关置于最大冷却位置（cool）。

（3）擦净视液镜，通过它来观察制冷剂的流动状态，从而判断系统内制冷剂量的多少。若高、低压侧温度基本相同，高压侧压力很低，可以观察到连续不断的气泡出现，表示几乎无制冷剂。当制冷剂全部漏光时，气泡会消失而出现雾状的油沫流动。若高压侧较热而低压侧较凉，高、低压侧压力均偏低，每隔1～2 s从视液镜中可观察到气泡出现，表示制冷剂不足。若高压侧过热，高、低压侧压力均过高，在视液镜中看不到气泡，表示制冷剂过量。高压侧热，低压侧凉，且高、低压力均正常，镜面中几乎透明，但发动机转速提高或降低时会出现气泡，则表示制冷剂适量。

（二）通过压力测定判断系统性能

根据高、低压侧压力是否正常，判断空调制冷性能是否达到要求。

（1）装上歧管压力表，测量空调系统压力，检测高、低压侧的压力。

（2）将发动机的转速稳定于2 000 r/min，开启空调系统30 min。

（3）将空调风扇转速调至最高挡。

（4）环境温度：常温下为30～35 ℃。车内、外放置干湿球温度计。

（5）系统正常压力：

1）采用R134a制冷剂，高压侧压力应为1.37～1.57 MPa，低压侧压力应为0.15～0.25 MPa。

2）采用R12制冷剂，高压侧压力应为1.45～1.5 MPa，低压侧压力应为0.15～0.2 MPa。

（三）根据车内外温差来判断系统性能

汽车停放在阳光下，关闭所有门窗，开启空调30 min后，车厢内外温差能保持7～8℃为合适。如当环境温度为34 ℃时，车厢内温度可降至26～27 ℃。若温差很小，表明该空调系统制冷量不足。

用玻璃棒式温度计测量蒸发器出风口温度，应为3～5 ℃。检测进风口与出风口的温度差，应为15～17 ℃。

（四）通过感测系统高、低压侧部件温度来判断系统性能

制冷剂在系统内循环流动过程中，其状态、压力、温度都不断地交替变化。所以通过管道及部件的外表温度可粗略地检验系统的运行情况和部件性能好坏。压缩机出口至冷凝器、储液干燥器、膨胀阀间为高温、高压区，它们的压力和温度基本都一样，温度为50～70 ℃；膨胀阀至蒸发器、压缩机入口间为低压、低温区，温度为0～5 ℃。

（五）通过与已知性能曲线比较来判断系统性能

利用空调说明书提供的性能曲线和实测的温度差值、相对湿度在性能曲线图上的交点来判断空调制冷系统性能是否达到要求。其具体方法如下：

（1）将发动机的转速稳定在2 000 r/min，开启空调系统30 min。

（2）将空调风扇转速调至最高挡。

（3）将干湿球温度计放置于蒸发器的进气口处，测得蒸发器进气口处的干球温度和湿球温度。

（4）通过测得的干球温度和湿球温度在空气温湿图上求出相对湿度。空气温湿图如图1-16所示。汽车空调车室内相对湿度一般为45%～60%。

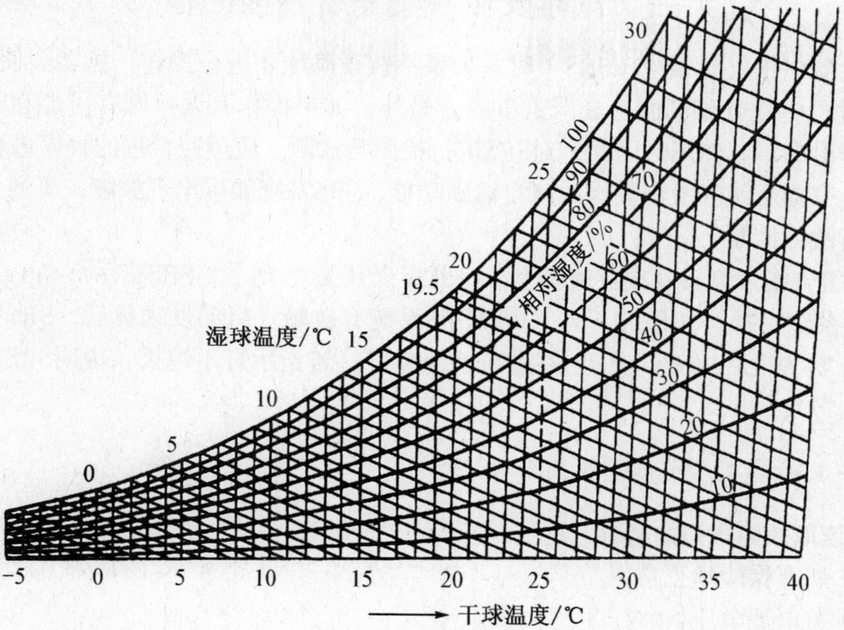

图1-16 空气温湿图

（5）在冷风出口处用温度计测量冷风出口温度，并与蒸发器进口空气温度相减。求出它们之间的差值，然后根据相对湿度和进、出口间温差（如图1-17所示），在空调性能曲线上求出其交点。如果此交点落在两条极限线之内，则空调制冷性能达到要求。

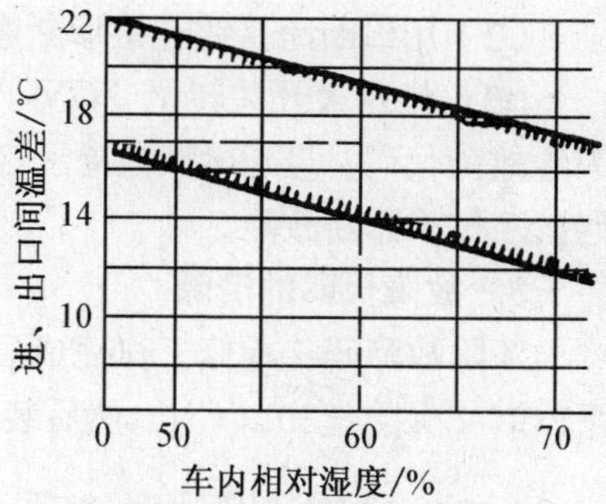

图1-17 汽车空调性能曲线

（六）通过道路试验来判断系统性能

对于汽车空调制冷性能的检验，也可在道路上行驶进行测定，以判断系统制冷性能是否达到要求。

试验时，应选用平坦、硬实、路面坡度≤1%，长度≥40 km的道路；外界气温为35 ℃。全开空调分别以20 km/h、40 km/h、60 km/h的速度行驶，测量每种车速下10 min、30 min车室内降温情况，并与标准值比较，以此判断空调制冷性能是否达到要求。车室内降温标准值如下：

（1）车速为20 km/h全开冷气：10 min时，车室内温度应<30 ℃；30 min时，车室内温度应<27 ℃。

（2）车速为40 km/h全开冷气：10 min时，车室内温度应<29 ℃；30 min时，车室内温度应<26 ℃。

（3）车速为60 km/h全开冷气：10 min时，车室内温度应<28 ℃；30 min时，车室

内温度应<25 ℃。

十一、汽车安全气囊系统性能的检测

在检测电子气囊系统（SRS）时，如果不按正确顺序进行操作，可能会使SRS系统在检测过程中意外张开而造成严重事故。另外，如果操作有误，则有可能在需要安全气囊保护时却不起作用。因此，对SRS进行检测与诊断，应遵照合理的程序进行。

安全气囊系统一般都设有故障自诊断功能，SRS系统如果出现故障，可通过自诊断系统进行故障诊断。

SRS警告指示灯设置在仪表板上。打开点火开关（ON），SRS指示灯亮6 s后熄灭，说明SRS系统正常；如果灯不亮，说明SRS系统有故障。启动发动机后，SRS警告指示灯又闪烁7～9次后熄灭，表示SRS系统状况良好；若指示灯不熄灭，说明SRS系统有故障。

（一）检测方法与步骤

1. 读取故障代码的条件

（1）所有保险丝正常。

（2）蓄电池电压≥9 V。

2. 故障代码的读取

（1）关闭点火开关（OFF）。

（2）用诊断跨接线连接诊断座的“A”和“K”两端子（丰田佳美是TC和E1）。

（3）将点火开关转至“ON”位置，若SRS指示灯闪烁故障代码为12，则随后即会闪烁故障代码；若SRS警告指示灯闪烁故障代码为13，则需要使用SCANNER型故障代码诊断仪来诊断故障。

3. 故障代码的清除

清除故障码：检修工作完成后，使点火开关处于OFF位置，拆下蓄电池搭铁线或拆下ECU-B保险丝30 s以上，然后装回即可消码。

（二）检测诊断注意事项

（1）安全气囊系统的故障现象难以确认，所以进行故障分析时，故障代码就成为最重要的信息来源。在检测与诊断SRS故障时，一定要先校核SRS系统的故障代码，然后再脱开蓄电池。

（2）维修工作必须在点火开关拧至“OFF”位置、负极电缆从蓄电池脱开20 s之后或更长时间后才能开始。脱开后20 s之内进行维修，气囊可能会张开。

（3）方向盘气囊总成不能受到震动或接近磁铁。

（4）在故障检测与诊断中，传感器很可能会受到震动，故应在修理前拆卸气囊传感器。

（5）即使仅受到轻微碰撞而气囊并未张开，也应该对方向盘气囊总成、前座乘员气囊总成和前气囊传感器进行检查。

（6）更换部件时一定要用新件，切勿使用其他车辆上的气囊系统的部件。

（7）切勿为了重新使用而分解和修理用过的前气囊传感器、中央气囊传感器总成、方向盘气囊总成、前座乘员气囊总成。

（8）不要将前气囊传感器、中央气囊传感器总成、方向盘衬垫、前座乘员气囊总成直接接触热空气或火焰。

（9）安全气囊系统和坐椅安全带收紧器系统部件的外部附有资料标签，按照标签上的指示去做。

（10）如果前气囊传感器、中央气囊传感器总成、方向盘气囊总成、前座乘员气囊总成曾摔过，或者外壳、支架和连接器有裂痕、凹痕或其他缺陷，那么重装时必须使用新件。

（11）如使用电焊，首先要脱开气囊和坐椅安全带收紧器的连接器（黄色，两个插脚），然后开始工作。

（12）在故障排除过程中，要使用高阻抗（至少为10 kΩ）的万用表检查电路。不允许拆除SRS灯和外接电源。

十二、汽车噪声的检测

（一）汽车噪声的测量方法

1. 声级计的检查与校准

（1）在未接通电源时，先检查并调整仪表指针的机械零点。

（2）检查电池容量。把声级计功能开关对准“电池”，衰减器任意，此时电表指针应达到额定红线，否则读数不准，应更换电池。

（3）打开电源开关，预热仪器10 min。

（4）校准仪器。每次测量前或使用一段时间后，应对仪器的电路和传声器进行校准。根据声级计上配有的电路校准“参考”位置，校验放大器的工作是否正常。如不正常，应用微调电位计进行调节。电路校准后，再用已知灵敏度的标准传声器对声级计上的传声器进行对比校准。

（5）将声级计的功能开关对准“线性”、“快”挡。由于室内的环境噪声一般为40～60 dB，声级计上应有相应的示值。当变换衰减器刻度盘的挡位时，表头示值应相应变化10 dB左右。

（6）检查计权网络。按上述步骤，将“线性”位置依次转换为“C”、“B”、“A”。由于室内环境噪声多为低频成分，故经“C”、“B”、“A”三挡计权网络后的噪声级示值将低于线性值，而且应依次递减。

（7）检查“快”、“慢”挡。将衰减器刻度盘调到高分贝值处（例如90 dB），通过操作人员发声，观察“快”挡时的指针能否跟上发音速度，“慢”挡时的指针摆动是否明显迟缓。

（8）在投入使用时，若不知道被测噪声声级多大，必须把衰减器刻度盘预先放在最大衰减位置（即120 dB），在实测中再逐步旋至被测声级所需要的衰减挡。

2. 车外噪声测量

（1）测量条件：

1）车辆场地应平坦而空旷，在测试中心以25 m为半径的范围内，不应有大的反射物，如建筑物、围墙等。

2）测试场地跑道应有＞25 m平直、干燥的沥青路面或混凝土路面。路面坡度≤0.5%。

3）本底噪声（包括风噪声）应比所测车辆噪声至少低10 dB，并保证测量不被偶然的其他声源所干扰。本底噪声是指测量对象噪声不存在时，周围环境的噪声。

4）为避免风噪声干扰，可采用防风罩，但应注意防风罩对声级计灵敏度的影响。

5）声级计附近除测量者外，不应有其他人员，如不可缺少时，则必须在测量者背后。

6）被测车辆不载重。测量时发动机应处于正常使用温度的环境中，车辆带有其他辅助设备亦是噪声源，测量时是否开动，应按正常使用情况而定。

测量场地及测点位置如图1–18所示。测试传声器位于20 m跑道中心点*O*两侧，各距中线7.5 m，距地面高度1.2 m，用三脚架固定，传声器平行于路面，其轴线垂直于车辆行驶方向。

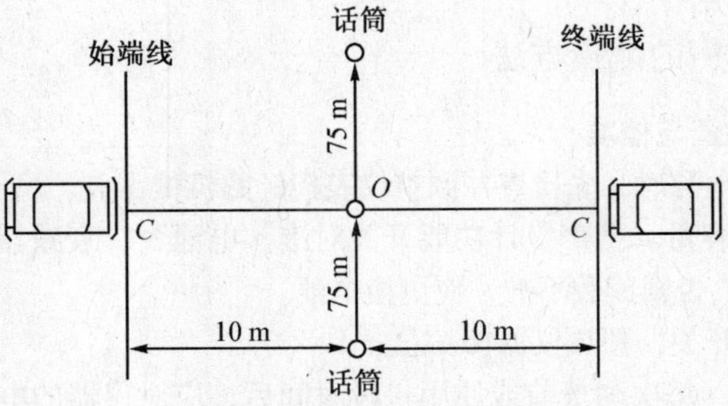

图1–18　车外噪声测量场地示意

（2）加速行驶车外噪声测量方法：

1）车辆须按规定条件稳定地到达始端线：前进挡位为4挡以上的车辆用第3挡，前进挡位为4挡或4挡以下的用2挡。发动机转速为其标定转速的3/4。如果此时车速＞50 km/h，那么车辆应以50 km/h的车速稳定地到达始端线。对于自动变速器的车辆，使用在试验区间加速最快的挡位。辅助变速装置不应使用。在无转速表状态下，可以控制车速进入测量区，即以所定挡位相当于3/4标定转速的车速稳定地到达始端线。

2）从车辆前端到达始端线开始，立即将加速踏板踏到底或节气门全开，直线加速行驶，当车辆后端到达终端线时，立即停止加速。车辆后端不包括拖车以及和拖车连接的部分。

本测量要求被测车在后半区域发动机达到标定转速。如果车速达不到这个要求，可延长*OC*距离（15 m）。如仍达不到这个要求，车辆使用挡位要降低一挡。如果车辆在后半区域超过标定转速，可适当降低到达始端线的转速。

3）声级计用“A”计权网络、“快”挡进行测量，读取车辆驶过时的声级计表头最大读数。

4）同样的测量往返进行一次。车辆同侧2次测量结果之差，应≤2 dB，并把测量结果记入规定的表格中。取每侧2次声级的平均值中最大值作为被测车的最大噪声级。若只用一个声级计测量，同样的测量应进行4次，即每侧测量2次。

（3）匀速行驶车外噪声测量方法：

1）车辆用常用挡位，加速踏板保持稳定，以50 km/h的车速匀速通过测量区域。

2）声级计用“A”计权网络、“快”挡进行测量，读取车辆驶过时声级计所示的最大读数。

3）同样的测量往返进行一次，车辆同侧两侧测量结果之差应≤2 dB，并把测量结果记入规定的表格中，若只用一个声级计测量，同样的测量应进行4次，即每侧测量4次。

3. 汽车喇叭噪声测量

城市用汽车喇叭噪声的测点位置如图1–19所示。测量时应注意不被偶然的其他声源峰值所干扰。测量次数宜在2次以上，并注意监听喇叭声音是否悦耳。

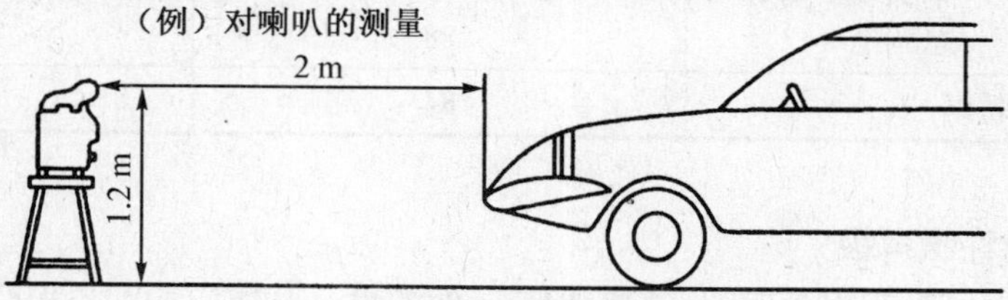

图1–19　喇叭声级的测量

4. 声级计的维护

声级计的维护按表1–5的规定进行。

表1–5　　声级计维护要领

维护周期	维护部位	维护要领	调修方法
使用前	指示表头	在不通电的状态下，检查指针的机械零点	不准时，调节零点调整旋钮
	指示控制旋钮和放大量调整旋钮	接通电源，使声级计进行必要的预热，检查各旋钮是否能够将指针调到预定位置	不能调整时，送专业厂修理
	接线等	检查有无损伤和接触不良等	发现有接触不良、断线应予更换
1个月	声级计	连接好传声器，在测定状态通风约30 min，检查是否正常	长期不使用时因湿度的影响，易发生故障，须对其内部进行干燥
	传声器	检查有无灰尘等	应将污垢清除
1年	接受设备检定部门的检定		

（二）汽车噪声检验标准

1. 车外最大允许噪声级

汽车加速行驶时，车外最大允许噪声级应符合表1-6规定。表中所列机动车辆的变型车或改装车（消防车除外）的加速行驶车外最大允许噪声级，应符合其基本型车辆的噪声规定。

表1-6　　车外最大允许噪声级

汽车种类		车外最大允许噪声级A声级/dB	
		1985年1月1日以前生产的汽车	1985年1月1日起生产的汽车
载重汽车	8 t≤载质量<15 t	92	89
	3.5 t≤载质量<8 t	90	86
	载质量<3.5 t	89	84
轻型越野车		89	84
公共汽车	4 t≤总质量<11 t	89	86
	总质量≤4 t	88	83
轿车		84	82

2. 喇叭允许噪声级

机动车喇叭声级在距车前2 m、离地1.2 m处测量，其值应为A声级90～115 dB。

十三、高级汽车检测工技能鉴定评分表

高级汽车检测工技能鉴定评分表（A卷）

专业工种号 20030

<table>
<tr><td>姓　名</td><td>　　单位</td><td colspan="2"></td><td colspan="1">考核日期</td><td colspan="2">20　年　月　日</td></tr>
<tr><td>准考证号</td><td colspan="3"></td><td>考核时间</td><td colspan="2">80 min</td></tr>
<tr><td>考核内容</td><td>评 分 标 准</td><td>考核时间</td><td>配分</td><td>考核情况</td><td>扣分</td><td>得分</td></tr>
<tr><td rowspan="3">（一）
发动机润滑油品质的检测</td><td rowspan="3">1．仪器、工具使用不当扣2～6分
2．操作方法或步骤不正确、不规范、不符合技术要求扣4～6分
3．检测结果不准确或漏检视情况扣4～7分
4．不熟悉仪器维护扣2～3分
5．不安全、不文明操作或超时扣1～3分</td><td rowspan="3">20 min</td><td rowspan="3">25分</td><td rowspan="3"></td><td></td><td></td></tr>
<tr><td colspan="2">考评员签名</td></tr>
<tr><td colspan="2"></td></tr>
<tr><td rowspan="3">（二）
自动变速器性能的检测</td><td rowspan="3">1．仪器、工具使用不当扣2～6分
2．操作方法或步骤不正确、不规范、不符合技术要求扣4～6分
3．每漏检（主销后倾、主销内倾、车轮外倾、前束）一项或检测结果不准确扣4～7分
4．不熟悉仪器维护扣2～3分
5．不安全、不文明操作或超时扣1～3分</td><td rowspan="3">20 min</td><td rowspan="3">25分</td><td rowspan="3"></td><td></td><td></td></tr>
<tr><td colspan="2">考评员签名</td></tr>
<tr><td colspan="2"></td></tr>
<tr><td rowspan="3">（三）
汽车空调系统性能的检测</td><td rowspan="3">1．仪器、工具使用不当扣2～6分
2．操作方法或步骤不正确、不规范、不符合技术要求扣4～6分
3．检测结果不准确或诊断分析不正确扣4～7分
4．不熟悉仪器维护扣2～3分
5．不安全、不文明操作或超时扣1～3分</td><td rowspan="3">20 min</td><td rowspan="3">25分</td><td rowspan="3"></td><td></td><td></td></tr>
<tr><td colspan="2">考评员签名</td></tr>
<tr><td colspan="2"></td></tr>
<tr><td rowspan="3">（四）
电控汽油机燃油供给系统的检测与诊断</td><td rowspan="3">1．仪器、工具使用不当扣4分
2．操作方法或步骤不正确、不规范、不符合技术要求扣2～4分
3．检测结果不准确或漏检扣4分
4．不懂故障现象或故障原因不清楚扣3～5分
5．故障诊断分析不正确扣3～6分
6．不安全、不文明操作或超时扣1～2分</td><td rowspan="3">20 min</td><td rowspan="3">25分</td><td rowspan="3"></td><td></td><td></td></tr>
<tr><td colspan="2">考评员签名</td></tr>
<tr><td colspan="2"></td></tr>
<tr><td rowspan="2">主考签名</td><td rowspan="2">20　年　月　日</td><td rowspan="2">总评语</td><td colspan="2" rowspan="2"></td><td colspan="2">总 分</td></tr>
<tr><td colspan="2"></td></tr>
</table>

高级汽车检测工技能鉴定评分表（B卷）

专业工种号 20030

姓　名		单位		考核日期	20　年　月　日	
准考证号				考核时间	80 min	

考核内容	评 分 标 准	考核时间	配分	考核情况	扣分	得分
（一）柴油机供油提前角与间隔角的检测	1．仪器、工具使用不当扣2～6分 2．操作方法或步骤不正确、不规范、不符合技术要求扣4～6分 3．检测结果不准确或漏检视情况扣4～7分 4．不熟悉仪器维护扣2～3分 5．不安全、不文明操作或超时扣1～3分	20 min	25分		考评员签名	
（二）汽车四轮定位的检测	1．仪器、工具使用不当扣2～6分 2．操作方法、步骤不正确、不规范、不符合技术要求扣4～6分 3．检测结果不准确或漏检视情况扣4～7分 4．不熟悉仪器维护扣2～3分 5．不安全、不文明操作或超时扣1～3分	20 min	25分		考评员签名	
（三）汽车噪声的检测	1．仪器、工具使用不当扣2～6分 2．操作方法或步骤不正确、不规范、不符合技术要求扣4～6分 3．检测结果不准确或诊断分析不正确扣4～7分 4．不熟悉仪器维护扣2～3分 5．不安全、不文明操作或超时扣1～3分	20 min	25分		考评员签名	
（四）发动机进气歧管真空度的检测与诊断	1．仪器、工具使用不当扣2～4分 2．操作方法或步骤不正确、不规范、不符合技术要求扣2～4分 3．检测结果不准确或漏检扣4分 4．不懂故障现象或故障原因不清楚扣3～5分 5．故障诊断分析不正确扣3～6分 6．不安全、不文明操作或超时扣1～2分	20 min	25分		考评员签名	

主考签名	20　年　月　日	总评语		总分

高级汽车检测工技能鉴定评分表（C卷）

专业工种号 20030

姓　名		单位			考核日期	20　年　月　日	
准考证号					考核时间	80 min	
考核内容	评分标准	考核时间	配分	考核情况	扣分	得分	
（一）发动机冷却系统密封性能的检测	1．仪器、工具使用不当扣2～6分 2．操作方法或步骤不正确、不规范、不符合技术要求扣4～6分 3．检测结果不准确或漏检视情况扣4～7分 4．不熟悉仪器维护扣2～3分 5．不安全、不文明操作或超时扣1～3分	20 min	25分		考评员签名		
（二）液压制动真空增压器性能的测试	1．仪器、工具使用不当扣2～6分 2．操作方法或步骤不正确、不规范、不符合技术要求扣4～6分 3．检测结果不准确或漏检视情况扣4～7分 4．不熟悉仪器维护扣2～3分 5．不安全、不文明操作或超时扣1～3分	20 min	25分		考评员签名		
（三）汽车安全气囊系统性能的检测	1．仪器、工具使用不当扣2～6分 2．操作方法或步骤不正确、不规范、不符合技术要求扣4～6分 3．检测结果不准确或诊断分析不正确扣4～7分 4．不熟悉仪器维护扣2～3分 5．不安全、不文明操作或超时扣1～3分	20 min	25分		考评员签名		
（四）气压制动系统密封性的检测与诊断	1．仪器、工具使用不当扣2～4分 2．操作方法或步骤不正确、不规范、不符合技术要求扣2～4分 3．检测结果不准确或漏检扣4分 4．不懂故障现象或故障原因不清楚扣3～5分 5．故障诊断分析不正确扣3～6分 6．不安全、不文明操作或超时扣1～2分	20 min	25分		考评员签名		
主考签名	20　年　月　日	总评语			总分		

高级汽车检测工技能鉴定评分表（D卷）

专业工种号 20030

姓　名		单位		考核日期	20　年　月　日	
准考证号				考核时间	80 min	
考核内容	评分标准	考核时间	配分	考核情况	扣分	得分
（一） 发动机润滑油品质的检测	1. 仪器、工具使用不当扣2 ~ 6分 2. 操作方法或步骤不正确、不规范、不符合技术要求扣4 ~ 6分 3. 检测结果不准确或漏检视情况扣4 ~ 7分 4. 不熟悉仪器维护扣2 ~ 3分 5. 不安全、不文明操作或超时扣1 ~ 3分	20 min	25分		考评员签名	
（二） 自动变速器性能的检测	1. 仪器、工具使用不当扣2 ~ 6分 2. 操作方法或步骤不正确、不规范、不符合技术要求扣4 ~ 6分 3. 检测结果不准确或漏检视情况扣4 ~ 7分 4. 不熟悉仪器维护扣2 ~ 3分 5. 不安全、不文明操作或超时扣1 ~ 3分	20 min	25分		考评员签名	
（三） 汽车空调系统性能的检测	1. 仪器、工具使用不当扣2 ~ 6分 2. 操作方法或步骤不正确、不规范、不符合技术要求扣4 ~ 6分 3. 检测结果不准确或诊断分析不正确扣4 ~ 7分 4. 不熟悉仪器维护扣2 ~ 3分 5. 不安全、不文明操作或超时扣1 ~ 3分	20 min	25分		考评员签名	
（四） 发动机进气歧管真空度的检测与诊断	1. 仪器、工具使用不当扣2 ~ 4分 2. 操作方法或步骤不正确、不规范、不符合技术要求扣2 ~ 4分 3. 检测结果不准确或漏检扣4分 4. 不懂故障现象或故障原因不清楚扣3 ~ 5分 5. 故障诊断分析不正确扣3 ~ 6分 6. 不安全、不文明操作或超时扣1 ~ 2分	20 min	25分		考评员签名	
主考签名	20　年　月　日	总评语			总分	

高级汽车检测工技能鉴定评分表（E卷）

专业工种号 20030

姓　名		单位		考核日期	20　年　月　日		
准考证号				考核时间	80 min		
考核内容	评分标准	考核时间	配分	考核情况	扣分	得分	
（一）柴油机供油提前角与间隔角的检测	1．仪器、工具使用不当扣2～6分 2．操作方法或步骤不正确、不规范、不符合技术要求扣4～6分 3．检测结果不准确或漏检视情况扣4～7分 4．不熟悉仪器维护扣2～3分 5．不安全、不文明操作或超时扣1～3分	20 min	25分		考评员签名		
（二）汽车四轮定位的检测	1．仪器、工具使用不当扣2～6分 2．操作方法或步骤不正确、不规范、不符合技术要求扣4～6分 3．检测结果不准确或漏检视情况扣4～7分 4．不熟悉仪器维护扣2～3分 5．不安全、不文明操作或超时扣1～3分	20 min	25分		考评员签名		
（三）汽车噪声的检测	1．仪器、工具使用不当扣2～6分 2．操作方法或步骤不正确、不规范、不符合技术要求扣4～6分 3．检测结果不准确或诊断分析不正确扣4～7分 4．不熟悉仪器维护扣2～3分 5．不安全、不文明操作或超时扣1～3分	20 min	25分		考评员签名		
（四）气压制动系统密封性的检测与诊断	1．仪器、工具使用不当扣2～4分 2．操作方法或步骤不正确、不规范、不符合技术要求扣2～4分 3．检测结果不准确或漏检扣4分 4．不懂故障现象或故障原因不清楚扣3～5分 5．故障诊断分析不正确扣3～6分 6．不安全、不文明操作或超时扣1～2分	20 min	25分		考评员签名		
主考签名	20　年　月　日	总评语			总分		

第二部分 高级汽车检测工应知（理论）考核练习题

一、选择题（单选，请把正确答案的字母填写在空格上）

1. 汽车零件根据检测结果可分为可用件、（　　）、报废件等三类。
A．待用件　B．合格件　C．标准件　D．次等件

2. （　　）是确定汽车技术状况或工作能力的检查和测量。
A．汽车检测　B．汽车诊断　C．汽车维护　D．汽车自诊

3. 车辆检测诊断是指车辆在（　　）的状态下，对车辆技术性能进行检查。
A．解体　B．部分解体　C．不解体　D．全部解体

4. 检测诊断汽车的主要技术性能一般不包括（　　）。
A．安全性　B．可靠性　C．经济性　D．乘坐舒适性

5. 汽车动力性的评价指标一般包括汽车最高车速、汽车加速性能及（　　）。
A．汽车加速时间　B．平均加速时间
C．汽车最大行驶加速度　D．汽车爬坡能力

6. 测量汽车燃料消耗量时，（　　）测量方法最为常用。
A．测质量　B．测容积　C．测流速　D．耗油率

7. 属于发动机经济性评价指标的是（　　）。
A．油耗率　B．加速性能　C．发动机功率　D．底盘功率

8. 评价制动性能的主要指标中，通常以（　　）来间接衡量汽车的制动性能。
A．制动减速度　B．制动时间　C．制动距离　D．制动平衡力

9. 下列（　　）不是制动性能的评价指标。
A．制动效能的恒定性　B．制动力
C．制动效能　D．制动时的方向稳定性

10. 当诊断参数测量值处于（　　）范围内时，表明诊断对象技术状况良好，无发生变化。
A．初始值　B．许用值　C．损耗值　D．极限值

11. 发动机无外载荷功率检测是发动机（　　）质量评价的一种检测方法。
A．制动性能　B．安全性能　C．经济性能　D．动力性能

12. 发动机气缸体裂纹和破损检测，最常用的方法是（　　）法。
A．磁力探伤　B．荧光探伤　C．敲击　D．水压试验

13. 利用磁力探伤法进行检测时，必须使裂纹（　　）磁感应线方向。
A．垂直于　B．平行于　C．穿过　D．顺着

14. 进行荧光探伤时，应将零件置于荧光液中浸泡（　　）min。
A．5～10　B．10～15　C．15～20　D．20～25

15. 进行荧光探伤时，零件经荧光液浸泡后，要冲洗、吹干并加热，加热的目的是使裂纹中的荧光液（ ），便于检测。

A. 蒸发 B. 向内渗透 C. 变色 D. 扩散

16. 荧光探伤时，一般用（ ）灯光照射。

A. 白炽灯 B. 红外线 C. 紫外线 D. X射线

17. 汽车零件的裂纹、烧蚀、剥落、老化等缺陷一般通过（ ）来进行判断。

A. 外部检视或探伤 B. 仪器 C. 水压法 D. 检验器具

18. 汽车零件分类的主要依据是（ ）。

A. 尺寸、形位误差 B. 尺寸、形状

C. 表面质量 D. 硬度、位置误差

19. （ ）是按照国家规定的车检法规，定期检测车辆中与安全和环保有关的项目，以保证汽车安全行驶，并将污染降低到允许的限度。

A. 安全检测站 B. 维修检测站 C. 综合检测站 D. 二级检测站

20. （ ）是国家执法机构，定期对车辆中与安全和环保有关的项目进行检测。

A. 维修检测站 B. 安全检测站 C. 综合检测站 D. 二级检测站

21. （ ）主要是从车辆使用和维修的角度，担负车辆维修前、后的技术状况检测。它能检测车辆的主要使用性能，并能进行故障分析与诊断。

A. 安全检测站 B. 综合检测站 C. 电涡流式 D. 维修检测站

22. （ ）既能担负车辆管理部门的安全环保检测，又能担负车辆使用、维修企业的技术状况诊断，还能承接科研或教学方面的性能试验和参数测试。

A. 安全检测站 B. 维修检测站 C. 综合检测站 D. 二级检测站

23. 以下属于汽车主要性能指标要求的有（ ）。

A. 动力性 B. 经济性 C. 排放性能 D. 以上均属于

24. 下面的工具中，可以用来检测端面圆跳动量的是（ ）。

A. 百分表 B. 内径千分尺 C. 游标卡尺 D. 缸压表

25. 使用百分表测量工件应先校表，使百分表量头（ ）。

A. 抵住工件表面并产生一定的位移 B. 与工件刚接触但指针不偏转

C. 与工件间有一微小间隙 D. 全部校零

26 在测量发动机气缸的磨损量时，首先按标准缸径用外径千分尺校量缸表，然后利用（ ）测量法进行测量。

A. 间接 B. 综合 C. 比较 D. 主动

27 发动机曲轴径向间隙可用（ ）进行检测。

A. 百分表 B. 游标卡尺 C. 塑料塞尺 D. 千分尺

28. 用塞尺测量磁感应信号发生器的转子与感应线圈凸出部分的空气间隙，其间隙应为（ ）mm。

A. 0.2 ~ 0.4 B. 0.3 ~ 0.6 C. 0.5 ~ 0.7 D. 0.7 ~ 0.9

29. 测量液力挺柱与承孔的配合间隙时，使用的量具是（ ）。

A．螺旋测微器　B．百分表　C．量缸表　D．厚薄规

30．用厚薄规和量角器测量活塞环的漏光度，其开口处左右对应的圆心角在（　）范围内不允许漏光。

A．25°　B．30°　C．45°　D．50°

31．用气缸压力表检测气缸压缩压力时，应用（　）转动曲轴3～5 s（不少于四个压缩行程），待压力表头指针指示并保持最大压力后停止转动。

A．手摇柄　B．起动机　C．其他车辆拖动　D．启动发动机

32．进气管负压用（　）检测，无须拆任何机件，而且快速简便，应用极广。

A．气缸压力表　B．真空表　C．万用表　D．压力表

33．下面方法中，（　）能确定点火提前角的大小。

A．电流表检测法　B．正时灯检测法

C．示波器点火波形分析　D．电压表

34．正时灯是一种频率闪光灯，每闪光一次表示第1缸的火花塞发火（　）。

A．一次　B．二次　C．三次　D．四次

35．（　）内阻小，在使用的过程中，容易造成过大电流，从而损坏电控元件。

A．指针式万用表　B．车用数字万用表

C．示波器　D．专用型解码器

36．利用车用数字万用表测量汽车电路的电压时，其表棒的极性是（　）。

A．红棒接正极，黑棒接负极　B．红棒接负极，黑棒接正极

C．无要求　D．以上都不是

37．利用车用数字万用表测量传感器的电阻时，应该（　）。

A．带电操作　B．接外电操作　C．不可带电操作　D．无所谓

38．离合器打滑的检测不可以利用（　）来进行。

A．惯性式底盘测功试验台　B．离合器打滑频闪测定仪

C．传动系游动角度检测仪　D．以上都不是

39．离合器打滑频闪测定仪每接到一个火花塞跳火信号，闪光灯闪（　）。

A．一次　B．两次　C．三次　D．四次

40．传动系功率消耗可在（　）上进行检测。

A．惯性式底盘测功试验台　B．离合器打滑频闪测定仪

C．传动系游动角度检测仪　D．以上都不是

41．传动系滑行距离不可能利用（　）来进行检测。

A．惯性式底盘测功试验台　B．五轮仪

C．传动系游动角度检测仪　D．惯性式底盘测功试验台

42．传动系游动角度的测量不可采用（　）获得。

A．指针式游动角度测量仪　B．数字式游动角度测量仪

C．惯性式底盘测功试验台　D．游动角度测量仪

43．车轮制动力可用（　）进行检测。

A．减速度仪　B．五轮仪　C．测力式制动试验台　D．综合检测仪

44．用测力式制动试验台检测制动力时，汽车轮胎气压应充气至（　　）气压。

A．高于规定　B．低于规定　C．规定　D．略低于规定

45．用测力式制动试验台检测制动力时，汽车应尽可能沿（　　）滚筒的方向驶入制动试验台。

A．平行于　B．垂直于　C．45°于　D．90°于

46．用滚筒式制动检验台检测车轮滑移率，当滚筒的线速度稳定在（40 ± 1.5）km/h时实施制动，测出受检车辆任一车轮的滑移率均在（　　）范围内。

A．15%～20%　B．15%～35%　C．20%～35%　D．25%～35%

47．机动车转向轮的横向侧滑量，用侧滑仪检测时，其值应≤（　　）。

A．5 m/km　B．10 m/km　C．15 m/km　D．20 m/km

48．用侧滑试验台测汽车侧滑量时，汽车应（　　）。

A．高速驶过试验台　B．低速驶过试验台

C．停在试验台上　D．中速过试验台

49．利用侧滑试验台检测侧滑量是一种（　　）检测法检测车轮定位参数。

A．动态　B．静态　C．动静结合　D．加速状态

50．以下检测方法中，属于探伤法的是（　　）。

A．磁力探伤　B．着色法　C．荧光法　D．以上三项均属于

51．以下关于侧滑试验台使用正确的是（　　）。

A．检查前受车辆轮胎气压符合标准所规定数值

B．检测时，车辆正直居中驶近侧滑试验台，并使转向轮处于正中位置

C．车辆通过侧滑试验台时，不得转动转向盘

D．以上三项内容均属于

52．使用侧滑试验台测量车辆的侧滑量时，车辆需以（　　）km/h的速度垂直平稳通过试验台。

A．3～5　B．8～10　C．12～16　D．16～20

53．利用侧滑试验台检测汽车的（　　），可分析汽车前轮前束与前轮外倾角的匹配状况。

A．制动力　B．侧滑量　C．轴重量　D．悬挂参数

54．以下关于五轮仪说法不正确的是（　　）。

A．五轮仪可以精确地测量车辆行驶的距离、时间和速度

B．可以测试燃油经济性

C．无测试制动初速度

D．可以测试动力性

55．汽车总成的振动和噪声可用（　　）来测量。

A．底盘测功仪　B．轴重仪　C．声级计　D．灯光仪

56．以下关于使用声级计说法正确的是（　　）。

A．未接通电源时，先检查并调整仪表指针的机械零点

B．使用前应预热仪器10 min

C．声级计使用的是12 V直流电源

D．以上三项均正确

57．车外噪声测量要求测量场地应平坦而空旷，在测试中心以（　　）为半径的范围内，不应有大的反射物，如建筑物、围墙等。

A．15 m　　B．25 m　　C．35 m　　D．10 m

58．车外噪声测量要求本底噪声（包括风噪声）应比所测车辆噪声至少低（　　）。

A．5 dB　　B．10 dB　　C．15 dB　　D．20 dB

59．车外噪声测量要求，测试传声器位于20m跑道中心点O两侧，各距中线7.5 m，距地面高为（　　）。

A．0.5 m　　B．0.8 m　　C．0.6 m　　D．1.2 m

60．用气缸漏气量检测仪检测气缸漏气量，在向被测气缸充气前，需将变速器挂（　　），拉紧驻车制动器手柄。

A．低速挡　　B．高速挡　　C．1挡　　D．空挡

61．用气缸漏气率检测仪检测气缸时，发动机水温应在（　　）℃。

A．60 ~ 70　　B．50 ~ 60　　B．70 ~ 85　　D．90 ~ 100

62．可以直接读取多种车型故障码的检测仪器是（　　）。

A．专用型解码器　　B．通用型解码器

C．车用数字式万用电表　　D．指针式万用电表

63．可以直接读取某汽车制造厂生产的汽车故障码的检测仪器是（　　）。

A．专用型解码器　　B．通用型解码器

C．车用数字式万用电表　　D．指针式万用电表

64．能在静态或动态下，向电控系统各执行器发出检修作业需要的动作指令，以便检查执行器的工作状况的检测仪器是（　　）。

A．解码器　　B．车用数字式万用电表

C．点火正时灯　　D．指针式万用电表

65．用解码器读取故障码时，蓄电池电压必须在（　　）。

A．11 V以上　　B．12 V以上　　C．12 V以下　　D．11 V以下

66．用诊断仪对发动机进行检测时，点火开关应（　　）。

A．关闭　　B．打开　　C．位于启动挡　　D．位于锁止挡

67．用发动机综合性能分析仪进行柴油机喷油压力检测前，应将红色喷油压力传感器安装在（　　）。

A．启动电源线上　　B．被测喷油器上

C．被测高压油管上　　D．低压油管

68．以下关于单一功能的便携式测功仪说法正确的是（　　）。

A．使用前需要对设备进行预热与自校

B．可以通过测瞬时加速度的方法测功率

C．查对功率需要与说明书中给定的曲线或数据进行对照

D．以上三项均正确

69．在测功机上测量发动机功率，能直接测量到的是（　　）。

A．功率　B．功率和转速　C．转矩和转速　D．负荷

70．路试法可以测试汽车动力性，在室内测量时一般采用（　）测量。

A．测力式底盘测功试验台　B．惯性式底盘测功试验台

C．以上两者皆可　D．综合检测仪

71．汽车底盘测功机主要的测试项目是（　　）。

A．制动力测试　B．驱动力测定

C．车轮定位测试　D．以上三项均属于

72．底盘测功机测试工况速度控制误差为（　　）。

A．±5 km/h　B．±6 km/h　C．±8 km/h　D．±3 km/h

73．底盘测功机测试工况和速度稳定时间（　　）。

A．>30 s　B．<30 s　C．>20 s　D．<20 s

74．用底盘测功机检测燃油经济性时，轿车在底盘测功机上的速度为（　　）。

A．60 km/h　B．80 km/h　C．50 km/h　D．90 km/h

75．在通过底盘测功机检测车辆的最大底盘输出功率时，其控制方式处于（　　）。

A．恒功率控制　B．恒力控制　C．恒速控制　D．等里程控制

76．离车式的车轮动平衡机专用卡尺用于测量（　　）。

A．轮辋直径　B．轮辋半径

C．轮辋边缘至右支承的距离　D．轮辋宽度

77．在利用离车式车轮动平衡机检测车轮平衡时，不要求输入的参数是（　　）。

A．车轮宽度　B．平衡机结构参数

C．车轮轮辋直径　D．车轮安装尺寸

78．硬式车轮动平衡机是通过（　　）确定不平衡量。

A．测转轴的振动　B．传感器获得不平衡点产生的离心力

C．测转轴的转矩　D．以上都不对

79．车轮动平衡机需要测量内容是（　　）。

A．轮辋直径　B．轮辋宽度

C．轮辋外悬尺寸　D．以上三项内容均属于

80．在CB-9型微机车轮动平衡测试仪的显示控制部分，按下“STATIC”键，显示为（　　）。

A．静不平衡量　B．动不平衡量　C．状态　D．停止

81．润滑油质量分析仪检测润滑油时，应从运转停止后（　　）内，工作温度正常的发动机油底壳中提取被测润滑油油样。

A．1 min　B．5 min　C．10 min　D．30 min

82．蓄电池放电程度的检测量具是（　　）。

A．解码器　B．高率放电计　C．测灯　D．万用电表

83．发动机曲轴主轴颈公称直径在80 mm以下，圆度、圆柱度误差的使用极限为（　）。

A．0.05 mm　B．0.01 mm　C．0.015 mm　D．0.15 mm

84．发动机气缸轴线方向磨损量最大部位是在活塞处于上止点时（　）所对应的缸壁。

A．活塞顶　B．第一道活塞环　C．活塞销　D．第二道活塞环

85．用（　）检测发动机凸轮轴凸轮的轮廓变化，以判断凸轮的磨损情况。

A．游标卡尺　B．百分表　C．外径分厘卡　D．标准样板

86．将发动机凸轮轴支于V形架上，应用（　）检测凸轮轴的弯曲程度。

A．直尺和塞尺　B．高度尺　C．百分表　D．游标卡尺

87．发动机凸轮轴轴颈的圆度、圆柱度误差应≤（　），否则应修磨或更换。

A．0.010 mm　B．0.015 mm　C．0.020 mm　D．0.025 mm

88．判断发动机活塞环敲击响，可向气缸内注入（　）。若响声减弱则可能端隙过大。

A．少量润滑油　B．大量润滑油　C．少量柴油　D．少量汽油

89．发动机气缸磨损的检测，主要测量其（　）。

A．直线度和同轴度　B．平行度和平面度

C．垂直度和圆跳动　D．圆度和圆柱度

90．测量发动机润滑油平面高度时应在（　）进行测量。

A．规定油温下　B．发动机怠速运转时

C．汽车行驶时　D．发动机高速运转时

91．测量气门在导管孔内的径向摆动量时，应把气门提起至气缸盖平面（　）的高度。

A．12 ~ 15 mm　B．15 ~ 20 mm　C．20 ~ 25 mm　D．25 ~ 30 mm

92．主轴承座孔的圆度及圆柱度对于铸铁气缸体≤（　）。

A．0.30 mm　B．0.40 mm　C．0.50 mm　D．0.10 mm

93．检查活塞偏缸，用塞尺检查活塞头部前后两个方向与气缸的间隙，其前后间隙差应≤（　）。

A．0.05 mm　B．0.10 mm　C．0.12 mm　D．0.015 mm

94．汽油机铝活塞与气缸配合间隙的大修标准为（　）。

A．0.08 ~ 0.10 mm　B．0.20 ~ 0.25 mm

C．0.15 ~ 0.20 mm　D．0.10 ~ 0.20 mm

95．铝合金发动机气缸盖下平面的平面度误差每任意50 mm × 50 mm范围内均应≤（　）。

A．0.015 mm　B．0.025 mm　C．0.035 mm　D．0.030 mm

96．汽油泵的摇臂行程磨损应≤（　）mm。

A．0.10　B．0.20　C．0.30　D．0.40

97．汽油泵盖和泵体接合面的不平度应≤（　　）mm。

A．0.10　B．0.15　C．0.12　D．0.20

98．大修后的发动机各缸压力与各缸平均压力差：汽油机≤（　　）。

A．8%　B．10%　C．9%　D．12%

99．在用车发动机功率不得低于原额定功率的（　　），大修后发动机功率不得低于原额定功率的90%。

A．90%　B．75%　C．60%　D．50%

100．（　　）不是检测气缸密封性的常用方法。

A．气缸压缩压力的检测　B．曲轴箱强制通风装置的检查

C．气缸漏气量的检测　D．气缸磨损量的检测

101．大修竣工的四行程汽油机转速在500～600 r/min时，以海平面为准，进气歧管负压应在（　　）范围内。

A．20～30 kPa　B．57～70 kPa　C．90～100 kPa　D．110～150 kPa

102．汽车发动机大修竣工质量评定项目有（　　）。

A．启动性能　B．燃料消耗率　C．发动机运转情况　D．以上均属于

103．大修后的汽油发动机怠速运转时，进气歧管真空度符合原设计规定，六缸汽油发动机一般≤（　　）。

A．3 kPa　B．5 kPa　C．6 kPa　D．4 kPa

104．气门维修后，燃烧室容积不得小于原厂规定的（　　）。

A．95%　B．90%　C．85%　D．80%

105．同一台发动机各缸燃烧室容积差一般不大于其平均值的（　　）。

A．4%　B．5%　C．3%　D．6%

106．检验气门密封性，常用且简单可行的方法是用（　　）。

A．水压　B．煤油或汽油渗透　C．口吸　D．仪器

107．检验发动机气缸盖和气缸体裂纹，可用压缩空气。空气压力为（　　），保持5 min，并且无泄漏。

A．294～392 kPa　B．192～294 kPa

C．392～490 kPa　D．353～441 kPa

108．发动机曲轴轴承座孔轴线与气缸轴线应用（　　）误差评价。

A．平行度　B．垂直度　C．同轴度　D．位置度

109．发动机在常用转速范围内，汽油机油压应为（　　）。

A．147 kPa以下　B．196～392 kPa

C．249～490 kPa　D．490～588 kPa

110．汽车发动机大修后，怠速运转稳定，转速波动≤（　　）。

A．100 r/min　B．50 r/min　C．80 r/min　D．150 r/min

111．发动机的实测有效功是指（　　）。

A．发动机在实际进气状态下所输出的功率

B．将实测有效功率校正到标准进气状态下的功率

C．发动机带全套附件时所输出的校正有效功率

D．发动机仅带维持运转所必需的附件时所输出的校正有效功率

112．发动机的校正有效功率是指（　　）。

A．发动机在实际进气状态下所输出的功率

B．将实测有效功率校正到标准进气状态下的功率

C．发动机带全套附件时所输出的校正有效功率

D．发动机仅带维持运转所必需的附件时所输出的校正有效功率

113．发动机试验中，对燃料及润滑油的一般控制条件表述正确的是（　　）。

A．采用试验单位所规定的牌号，柴油中不得有消烟添加剂

B．采用试验单位所规定的牌号即可

C．采用制造厂所规定的牌号，柴油中不得有消烟添加剂

D．采用制造厂所规定的牌号即可

114．松开喷油泵联轴器的连接螺栓，按喷油泵凸轮轴旋转方向转动凸轮轴，可以使供油提前角（　　）。

A．加大　B．减小　C．不变　D．随意变化

115．柴油机活塞座孔与活塞销的配合过盈为（　　）。

A．0.005 0 ~ 0.007 5 mm　B．0.001 5 ~ 0.005 0 mm

C．0.002 ~ 0.004 mm　D．0.002 5 ~ 0.007 5 mm

116．轿车离合器踏板力应（　　）。

A．≤300 N　B．>300 N　C．≤200 N　D．<200 N

117．膜片弹簧离合器的分离指的翘曲变形引起的平面度误差应≤（　　）mm。

A．0.1　B．0.5　C．1.0　D．1.5

118．检测汽车离合器从动盘的形位误差时，应测量其（　　）误差。

A．平面度　B．圆度　C．圆跳动　D．垂直度

119．膜片弹簧分离器的膜片弹簧磨损的宽度应≤（　　）mm。

A．3　B．4　C．5　D．6

120．桑塔纳2000型轿车离合器膜片弹簧分离指应在同一平面上，翘曲变形引起的平面度误差应≤（　　）。

A．0.5 mm　B．0.6 mm　C．0.8 mm　D．0.4 mm

121．桑塔纳2000型轿车离合器踏板自由行程为（　　）。

A．15 ~ 20 mm　B．15 ~ 25 mm　C．15 ~ 30 mm　D．20 ~ 30 mm

122．根据《汽车变速器修理技术条件》（GB5372—85）的技术要求，变速器壳上各承孔轴线的平行度公差允许比原设计规定增加（　　）mm。

A．0.01　B．0.02　C．0.03　D．0.04

123．根据《汽车变速器修理技术条件》（GB5372—85）的技术要求，各齿轮的啮合印痕应在轮齿啮合面中部，且不小于啮合面的（　　）。

A．55%　B．60%　C．70%　D．75%

124．根据《汽车变速器修理技术条件》（GB5372—85）的技术要求，变速叉端面

对变速叉轴孔轴线的垂直度公差应为（　　）mm。

A．0.20　B．0.15　C．0.10　D．0.08

125．汽车变速器齿轮与齿轮端面间隙用（　　）进行检验。

A．百分表　B．千分尺　C．塞尺　D．卡尺

126．解放CA142型汽车变速器的齿轮啮合间隙用（　　）进行检验。

A．百分表　B．千分尺　C．塞尺　D．卡尺

127．汽车变速器大修送修标志是（　　）。

A．壳体变形、破裂　B．变速器漏油

C．前轴变形严重　D．主销承孔磨损逾限

128．车轮阻滞力主要是车轮、主减速器、传动轴和（　　）等有关底盘件的综合运动阻力。

A．发动机　B．离合器　C．变速器　D．制动器

129．变速器验收时，各密封部位不得漏油，润滑油温度不得超过室温（　　）℃。

A．40　B．50　C．80　D．90

130．变速器验收时，各挡噪声均应≤（　　）dB。

A．83　B．85　C．88　D．90

131．变速器高速行驶时有明显声响，突然加速时，响声很清晰多为（　　）。

A．滑动齿轮花键配合松旷　B．轴弯曲

C．个别齿轮折断　D．油少质差

132．变速器无负荷试验时，（　　）轴的转速应在1 000～1 400 r/min范围内。

A．第1　B．第2　C．中间　D．倒挡

133．变速器倒挡轴与中间轴轴承孔轴线的平行度误差应＜（　　）mm。

A．0.06　B．0～0.06　C．0.10　D．0.06～0.10

134．组装解放CA1092型汽车传动轴两端万向节叉应（　　）。

A．在同一条线上　B．在同一平面内　C．互相垂直　D．成一定角度

135．十字轴式万向节允许相邻两轴的最大交角在（　　）范围内。

A．10°～15°　B．15°～20°　C．20°～25°　D．25°～30°

136．球笼式万向节可在两轴最大交角为（　　）情况下传递扭矩。

A．15°　B．30°　C．40°　D．42°

137．角等速万向节的基本原理是从结构上保证万向节在工作过程中，其传力点永远位于两轴交角的（　　）。

A．平面上　B．垂直面上　C．平分面上　D．平行面上

138．汽车后桥总成大修送修标志是（　　）。

A．壳体变形、破裂　B．半轴套管承孔磨损

C．减速器齿轮磨损　D．后桥总成有响声

139．汽车后桥壳裂纹检测的方法，一般用（　　）法进行检测。

A．水压试验　B．磁力探伤　C．荧光探伤　D．敲击

140. 将汽车主减速器壳前端面修平，放在检验平板上，用百分表检查主减速器壳上安装差速器轴承承孔的同轴度，其误差≤（　　）mm。

A. 0.03　B. 0.04　C. 0.02　D. 0.025

141. 根据《汽车驱动桥修理技术条件》（GB8825—88）的技术要求，圆锥主、从动齿轮啮合间隙为（　　）mm。

A. 0.15 ~ 0.25　B. 0.15 ~ 0.35　C. 0.15 ~ 0.45　D. 0.15 ~ 0.50

142. 根据《汽车驱动桥修理技术条件》（GB8825—88）的技术要求，圆锥主、从动齿轮接触痕迹的长应不小于齿长的（　　）%。

A. 50　B. 60　C. 70　D. 75

143. 根据《汽车驱动桥修理技术条件》（GB8825—88）的技术要求，圆锥主动齿轮与突缘键槽的侧隙应≤（　　）mm。

A. 0.10　B. 0.20　C. 0.25　D. 0.30

144. 驱动轮输出功率的检测在测取读数时，要待汽车速度在设定的检测速度下稳定（　　）后，方可记录仪表的输出功率值。

A. 15 s　B. 5 s　C. 10 s　D. 20 s

145. 驱动轮输出功率的检测时，实际检测速度与敲定检测速度的允差≤（　　）。

A. ± 0.5 km/h　B. ± 6 km/h　C. ± 8 km/h　D. ± 3 km/h

146. 驱动轮输出功率的检测时，扭矩变动幅度≤（　　）。

A. ± 2%　B. ± 5%　C. ± 8%　D. ± 4%

147. 用角尺和试棒配合检查汽车前轴的变形，从角尺与试棒接触中可以判断出前轴的变形情况，如角尺与试棒上端贴合有间隙，则说明（　　）变形。

A. 前轴向上弯曲　B. 前轴向下弯曲　C. 水平方向弯曲　D. 扭曲

148. 汽车转向节最常见的断裂部位在（　　）。

A. 转向节上耳根部　B. 转向节内外轴承轴颈之间

C. 转向节指轴颈的根部　D. 转向节下耳根部

149. （　　）不是汽车前桥总成的大修送修标志。

A. 转向节上的轴承损坏　B. 前轴出现裂纹

C. 变速齿轮磨损　D. 变速器跳挡

150. 根据《汽车前桥及转向系修理技术条件》（GB8823—88）的技术要求，前轴主销孔端面修理后，厚度减少量应≤（　　）mm。

A. 1.0　B. 1.5　C. 2.0　D. 2.5

151. （　　）是一项反映汽车前轮定位综合作用时的参数。

A. 前轮前束　B. 前轮外倾　C. 主销内倾　D. 前轮侧滑量

152. 为避免汽车转向沉重，主销后倾角一般≤（　　）。

A. 2°　B. 4°　C. 5°　D. 3°

153. 转向节各部位螺纹的损伤应≤（　　）。

A. 1牙　B. 2牙　C. 3牙　D. 4牙

154．汽车转向轮的横向滑移量应≤（　　）m/km。

A．5　B．7　C．2　D．9

155．汽车前轮的侧滑量主要受（　　）的影响。

A．转向轮外倾角　B．转向轮前束值

C．转向轮外倾角及转向轮前束值　D．后轮外倾角

156．以下做四轮定位检测前必须做的是（　　）。

A．做四轮定位的车辆必须要保证大梁无须矫正　B．检查车轮动平衡情况

C．检查钢圈和轮胎技术状况　D．以上三项内容均属于

157．汽车的前轮定位参数包括（　　）。

A．前轮外倾、前轮前束、主销内倾、转向20°时的前张角

B．前轮外倾、前轮前束、主销内倾、主销后倾

C．前轮前束、主销内倾、主销后倾

D．前轮外倾、主销内倾、主销后倾

158．转向盘自由转动量的检测诊断参数标准以（　　）分类。

A．车型　B．车种　C．车速　D．新旧

159．转向盘的最大自由转动量，最大设计车速≥100 km/h的车辆为（　　）。

A．20°　B．30°　C．40°　D．50°

160．汽车大修竣工后，质量<4 500 kg的汽车，方向盘自由行程≤（　　）。

A．15°　B．25°　C．30°　D．20°

161．GB18565—2001《营运车辆综合性能要求和检测方法》规定，汽车最大设计车速度<100 km/h的汽车，转向盘的最大自由转动量为（　　）。

A．20°　B．10°　C．25°　D．15°

162．路试检测转向轻便性，汽车以10 km/h的速度在5 s之内沿螺旋线从直线行驶过渡到直径为24 m的圆周行驶，施加于方向盘外缘的最大切向力应≤（　　）。

A．245 N　B．300 N　C．345 N　D．450 N

163．液力张开的简单非平衡式车轮制动器，在轮缸内两活塞大小相等的情况下，其制动蹄摩擦片的长度是（　　）。

A．前长后短　B．前后等长　C．前短后长　D．无要求

164．汽车制动器摩擦衬片的外径应（　　）制动鼓的内径。

A．大于　B．小于　C．等于　D．小于或等于

165．轻型汽车的制动鼓制动力矩不平衡允许值为（　　）。

A．200 gf·cm[1]　B．300 gf·cm　C．400 gf·cm　D．500 gf·cm

166．用游标卡尺分别测量制动蹄支承销与衬套，其配合间隙应≤（　　）mm。

A．0.30　B．0.25　C．0.35　D．0.40

167．汽车制动蹄支承销孔与支承销配合间隙应≤（　　）mm。

A．0.5　B．0.05　C．0.15　D．0.10

[1] 为非法定单位，与法定计量单位的换算：1 gf·cm=9.8×10^{-5} N·m。

168．制动力平衡要求，当后轴制动力小于后轴轴荷的60%时，在制动力增长全过程中，同时测得的左右轮制动力差的最大值不得大于该轴轴荷的（　　）。

A．5%　　B．8%　　C．15%　　D．24%

169．制动性能路试检验的主要检测项目是（　　）。

A．制动距离、制动力　　　　B．制动力、制动稳定性

C．制动稳定性、车轮阻滞力　　D．车轮阻滞力、制动距离

170．GB7258—2004规定，采用液压制动系车辆的制动协调时间应≤（　　）。

A．0.35 s　　B．0.45 s　　C．0.60 s　　D．0.80 s

171．GB7258—2004规定，气压制动汽车制动协调时间应≤（　　），汽车列车制动协调时间应≤0.8 s。

A．0.4 s　　B．0.5 s　　C．0.6 s　　D．0.7 s

172.《机动车运行安全技术条件》的规定，机动车可以用（　　）、制动减速度和制动力检测制动性能。

A．制动距离　　B．制动时间　　C．制动踏板力　　D．制动效果

173．行车制动在产生最大制动作用时的制动踏板力，对于座位数≤9的载客汽车应≤（　　）N。

A．700 N　　B．500 N　　C．600 N　　D．450 N

174．检测制动力时，应注意将车辆变速器杆挂入（　　）挡位。

A．前进　　B．超速　　C．空　　D．R

175．行车制动在产生最大制动作用时的踏板力，对于乘用车应≤500 N，对于其他车辆应≤（　　）。

A．400 N　　B．600 N　　C．700 N　　D．800 N

176．台试检验制动力时，应控制制动气压或踏板力。空载检验时，气压制动系的气压表的指示气压应≤（　　）kPa；液压制动系的踏板力，对于乘用车应≤400 N，对于其他车辆应≤450 N。

A．400　　B．500　　C．600　　D．700

177．在空载状态下，驻车制动装置应能保证汽车在坡度为20%（对总质量为整备质量的1.2倍以下的汽车为15%），轮胎与路面间的附着因数≥0.7的坡道上正、反两个方向保持固定不动，保持固定不动的时间应≥（　　）。

A．4 min　　B．5 min　　C．6 min　　D．7 min

178．用汽车显示出的平均减速度检验行车制动性能，对于总质量≤3 500 kg的汽车，在50 km/h的初速度下急踩制动踏板时，满载检验充分发出的平均减速度应≥（　　）m/s。

A．5.0　　B．5.2　　C．5.4　　D．5.8

179．脚操纵制动性能的要求，座位数≤9的载客汽车应≤（　　）。

A．400 N　　B．500 N　　C．600 N　　D．700 N

180．驻车制动性能的要求：座位数≤9的载客汽车应≤（　　）。

A．400 N　　B．500 N　　C．600 N　　D．700 N

181．汽车车架弯曲检验，要求纵梁上平面直线度误差为每100 mm长度≤（　　）。

A．5 mm　　B．4 mm　　C．3 mm　　D．2 mm

182．在维修车架时，车架歪斜及扭转变形方向和程度可以用心棒进行检测，但其误差应（　　）。

A．≤2 mm　　B．≤3 mm　　C．≥2 mm　　D．≥3 mm

183．按GB7258—2004，对前轴采用非独立悬架的汽车，其转向轮的横向侧滑量，用侧滑台检验时侧滑量值应在（　　）之间。

A．±1 m/km　　B．±2 m/km　　C．±5 m/km　　D．±8 m/km

184．汽车悬挂检测台主要是用于测试汽车（　　）的性能。

A．弹性元件　　B．导向装置　　C．减振器　　D．车轮与弹性元件

185．悬架特性检测时，被检车一般为空载，最大载荷应≤（　　），不宜高速通过检验台。

A．600 kg　　B．1 000 kg　　C．1 200 kg　　D．1 600 kg

186．用悬架检测台检测悬架特性时，车辆空载，（　　）。

A．乘核定人数　　B．仅乘驾驶员　　C．不乘人　　D．可以乘人

187．检测轿车轮胎时，胎冠花纹深度应≥（　　）。

A．1.6 mm　　B．1.4 mm　　C．1.2 mm　　D．1.0 mm

188．车身修理竣工后，汽车整备质量及轴荷分配不得超过原设计的（　　）。

A．5%　　B．4%　　C．3%　　D．2%

189．汽车车身大修竣工质量检验与评定中规定：车身蒙皮漆膜光泽度（　　）。

A．客车不得低于90%，货车不得低于85%

B．客车不得低于85%，货车不得低于90%

C．客车不得低于85%，货车不得低于85%

D．客车不得低于90%，货车不得低于90%

190．机动车安全技术检验的线外方式中车辆外观检查内容是（　　）。

A．车身外观　　B．车轮　　C．以上两项都是　　D．以上两项都不是

191．客车大修送修标志是（　　）。

A．以车厢为主，结合发动机总成

B．以发动机为主，结合车架总成

C．以车架为主，结合发动机和车架两个总成

D．只以车厢为标志

192．在维修车架时，车架歪斜及扭转变形方向和程度可以用心棒进行检测，但其误差应（　　）。

A．≤2 mm　　B．≤3 mm　　C．≥2 mm　　D．≥3 mm

193．实车涂装检验的项目包括：漆膜颜色及外观检验、（　　）检验、漆膜光泽度和漆膜硬度。

A．漆膜厚度　　B．漆膜湿度　　C．漆膜均匀度　　D．漆膜反光度

194．汽车总成断裂、锈蚀、弯曲、扭曲变形超限等，大部分铆钉松动或铆钉孔磨损严重，这是（　　）大修送修标志。

A．变速器　B．车架　C．车身　D．前桥

195．车架按要求分段检查时，各段对角长度差应≤（　　）mm。

A．1　B．5　C．10　D．15

196．机动车最大设计车速≥100 km/h，其转向盘的最大自由转动量从中间位置向左或向右转角均应≤（　　）。

A．5°　B．10°　C．15°　D．30°

197．汽车车身外装饰带分段接口处应平齐，接口间隙≤（　　）。

A．0.50 mm　B．0.60 mm　C．0.40 mm　D．0.30 mm

198．标准规定，客车车身蒙皮漆膜光泽度≥（　　）。

A．75%　B．80%　C．85%　D．90%

199．对电控燃油喷射发动机电控系统进行检修时，应先将点火开关（　　），并将蓄电池搭铁线拆下。

A．打开　B．关闭　C．打开或关闭　D．关闭再打开

200．测试汽车有关电阻及传感器，必须用（　　）万用电表进行。

A．模拟式　B．高阻抗数字式

C．低阻抗数字式　D．模拟式或数字式

201．电控燃油喷射发动机一般情况下，同一发动机的所有喷油器的喷油量偏差值应≤（　　）。

A．±5%　B．±3%　C．±2%　D．±1%

202．液力变矩器齿轮泵齿轮与壳体的端面间隙≤（　　）mm。

A．0.01　B．0.05　C．0.10　D．0.15

203．自动变速器选用D挡位后可以自动升挡和降挡，如升挡自动变速器的输出扭矩应（　　）。

A．增加　B．减少　C．不变　D．为零

204．自动变速器是按照（　　）决定换挡的时刻的。

A．油压力的变化　B．变矩器的变化

C．车速变化　D．车速和节气门开度

205．自动变速器性能试验包括（　　）。

A．失速检验　B．时滞检验　C．液压检验员　D．以上三项均属于

206．自动变速器当换挡手柄从N或P挡位换至R、D、2、L挡位时，如怠速（　　）会使车身振动。

A．过低　B．正常　C．过高　D．不稳

207．ABS系统故障排除后，ECU内的诊断代码应被消除。丰田系列汽车在3s内踩制动踏板（　　）次，即可消除ABS诊断代码。

A．4　B．6　C．8　D．10

208．电控燃油喷射发动机燃油压力检测时，将油压表接在供油管和（　　）之

间。

A．燃油泵　B．燃油滤清器　C．分配油管　D．喷油器

209．电控发动机燃油泵工作电压检测时，蓄电池电压、燃油泵熔丝、（　）和燃油滤清器均应正常。

A．点心火线圈电压　B．燃油泵继电器　C．燃油泵　D．发电机电压

210．汽车CCS控制器在车速<（　）时禁止使用。

A．30 km/h　B．35 km/h　C．45 km/h　D．50 km/h

211．节气门位置传感器在怠速时的输出电压为0.5～1V，而在节气门全开时为（　）。

A．0 V　B．4.5 V　C．12 V　D．24 V

212．节气门位置传感器在怠速状态下的阻值为1 000 Ω，在全开状态下为（　）。

A．250 Ω　B．500 Ω　C．1 000 Ω　D．4 000 Ω

213．霍耳效应传感器信号是频率调制信号，其波形是（　），所以可用直流电压挡检测平均电压，以判别霍耳传感器有无信号输出。

A．方波　B．正弦波　C．递增信号波　D．余弦波

214．将多缸发动机次级电压的波形重叠在一起的波形叫（　）。

A．直列波　B．重叠波　C．高压波　D．标准波

215．多缸发动机各缸的次级点火电压同时显示于屏幕，即为（　）。

A．直列波　B．重叠波　C．高压波　D．标准波

216．正极型开关信号在断开时信号电压为0 V，当它接通时电压信号为（　）。

A．12 V　B．5 V　C．4.5 V　D．1.5 V

217．测试氧传感器必须使用（　）。

A．电流表　B．模拟电流表　C．数字电压表　D．模拟电压表

218．混合气过浓时，氧传感器的输出电压是（　）。

A．0 V　B．0.1 V　C．0.5 V　D．0.9～1 V

219．汽车大修竣工后，汽车空载行驶，初速度为30 km/h，滑行距离应≥（　）。

A．200 m　B．150 m　C．220 m　D．240 m

220．汽车路试中使用制动时，整车向左偏驶，这是因为前车轮制动力（　）。

A．右轮大于左轮　B．左右轮相等

C．左轮大于右轮　D．左轮先小于后大于右轮

221．在道路试验时，若维持使用因素中的一个或几个因素不变，则称为（　）。

A．不控制的道路试验　B．控制的道路试验

C．道路循环试验　D．道路不循环试验

222．汽车道路试验中（　）是必须进行的项目。

A. 制动液检查　　　　　B. 动力性能检查

C. 离合器踏板自由行程检查　　D. 方向盘自由行程检查

223. 采用道路试验方法进行等速燃料消耗量试验时，要求车速测定仪器的精度为（　　）。

A. 0.4%　B. 0.5%　C. 0.6%　D. 0.7%

224. GB/T18297—2001《汽车发动机性能试验方法》中规定，汽油发动机在正常环境温度和低温-18 ℃时，都能顺利启动，允许启动（　　）。

A. 3次　B. 4次　C. 5次　D. 6次

225. GB/T18297—2000《汽车发动机性能试验方法》中规定，大修后的发动机最低的燃油消耗不得大于原设计的标定值的（　　）。

A. 105%　B. 85%　C. 110%　D. 115%

226. 按国家标准《机动车运行安全技术条件》的规定，用侧滑试验台检验前轮侧测量，其值≤（　　）。

A. 5 m/km　B. 10 m/km　C. 15 m/km　D. 20 m/km

227. GB3847—2005《车用压燃式发动机和压燃式发动机汽车排放烟度排放限值及测量方法》实施后生产的在用汽车，应按（　　）的要求进行检测。

A. 自由加速-不透光烟度法　B. 双怠速试验法

C. 稳态工况法　　　　　　D. 瞬态工况法

228. 进行双怠速试验时，取样探头插入排气管中深度（　　）。

A. ≥400 mm　B. =300 mm　C. ≥200 mm　D. =100 mm

229. 汽车自由加速试验——滤纸烟度法，检测时取样探头插入排气管中深度（　　）。

A. ≥400 mm　B. =300 mm　C. ≥200 mm　D. =100 mm

230. 活塞漏气量试验，（　　）是应该搭载的进气部分部件。

A. 空气滤清器、进气消声器及连接管道　B. 进气混合预热

C. 曲轴箱通风装置　　　　　　　　　　D. 燃油蒸发排放控制装置

231. 活塞漏气量试验，（　　）传动部分的部件是规定中明确说明不应该搭载的。

A. 万向传动装置　B. 变速器　C. 减速器与差速器　D. 分动器

232. 压燃机调速特性试验，（　　）排气部分的部件是可以搭载但必须说明的。

A. 实验室排气系　　B. 排气连接管道、消声器及尾管

C. 排气再循环装置　D. 催化转化器

233. （　　）不是汽车正常尾气排放的基本成分。

A. CO_2　B. H_2O　C. O_2和N_2　D. CO、HC、NO_2和颗粒物

234. （　　）不是汽车排气污染物测量中需要安装的测量仪器。

A. 装转速计　　　　　　　B. 点火正时仪

C. 冷却液和润滑油测温计　D. 空气流量计

235. 汽车定置噪声检验时，测量场地应为开阔的、由混凝土和沥青等坚硬材料所

构成的平坦地面。其边缘至车辆外廓至少（ ）。

A．3 m B．4 m C．5 m D．6 m

236．汽车定置噪声测量过程中，传声器位置处的背景噪声（包括风的影响）应比被测噪声低（ ）以上。这里所指的背景噪声是指车辆以外的噪声。

A．10 dB（A） B．12 dB（A） C．14 dB（A） D．16 dB（A）

237．为避免汽车辐射的声音通过建筑物、墙壁或汽车外的类似大型物体的反射成为车内噪声，在进行测量的过程中，汽车与这类大型物体之间的距离应＞（ ）。

A．15 m B．20 m C．25 m D．30 m

238．GB7258—2004中规定，汽车驾驶员耳旁噪声声级应＜（ ）。

A．70 dB（A） B．80 dB（A） C．90 dB（A） D．90 dB（A）

239．车速表的允许误差范围为（ ）。

A．+20%～−5% B．+30%～−10%

C．+30%～−5% D．+20%～−10%

240．以下关于车速表检测时说法正确的是（ ）。

A．检测前，被检汽车调整好车辆的轮胎气压

B．检测前检查指示仪表的零点位置，若有偏差应予调整

C．检测时，驱动轮停放在测速滚筒的中间位置

D．以上三项内容均正确

241．汽油发动机汽车双怠速法检测内容为（ ）和过量空气系数。

A．CO、HC的体积分数 B．氮氧化物的体积分数

C．二氧化碳的体积分数 D．尘埃

242．在进行滑行距离测试时，以下说法不正确的是（ ）。

A．传动系润滑油油温≥50°

B．可以路试检测，但坡度应＞20°

C．滑行距离测试可以用底盘测功机检测

D．在进行路试时，风速不应太大

243．定置噪声检测方法中测量排气噪声时，测量传感器与排气口处的噪声，但与地面距离（ ）。

A．≥400 mm B．=300 mm C．≥200 mm D．=100 mm

244．根据《汽车发动机缸体与气缸盖修理技术条件》（GB3801—83）的技术要求，气缸套上端面应不低于气缸体上平面，但应≤（ ）mm。

A．0.10 B．0.075 C．0.05 D．0.25

245．根据《汽车发动机缸体与气缸盖修理技术条件》（GB3801—83）的技术要求，气门导管与承孔的配合过盈量一般为（ ）mm。

A．0.01～0.04 B．0.01～0.06 C．0.02～0.04 D．0.2～0.06

246．根据《汽车发动机缸体与气缸盖修理技术条件》（GB3801—83）的技术要求，气缸体上平面50 mm × 50 mm测量范围内平面度误差应≤（ ）mm。

A．0.01 B．0.04 C．0.05 D．0.10

247．根据《汽车发动机曲轴技术条件》（GB3802—83）的技术要求，曲轴各中间各主轴颈的径向圆跳动公差为（　　）mm。

A．0.025　B．0.05　C．0.075　D．0.10

248．根据《汽车发动机曲轴技术条件》（GB3802—83）的技术要求，飞轮突缘的径向圆跳动公差为（　　）mm。

A．0.02　B．0.04　C．0.06　D．0.08

249．根据《汽车发动机凸轮轴修理技术条件》（GB3803—83）的技术要求，凸轮轴轴颈的圆柱度公差为（　　）mm。

A．0.005　B．0.010　C．0.015　D．0.020

250．根据《汽车发动机凸轮轴修理技术条件》（GB3803—83）的技术要求，凸轮表面累积磨损量应≤（　　）mm。

A．0.2　B．0.4　C．0.6　D．0.8

251．根据《汽车发动机凸轮轴修理技术条件》（GB3803—83）的技术要求，凸轮轴中间各轴颈的径向圆跳动公差为（　　）mm。

A．0.015　B．0.020　C．0.025　D．0.030

252．根据《汽车车架修理技术条件》（GB3800—83）的技术要求，车纵梁侧面对车架上平面的垂直度公差为纵梁高度的（　　）。

A．百分之一　B．千分之一　C．百分之二　D．千分之二

253．1995年7月10日后生产的在用轻型汽油车（四冲程）的HC排放应<（　　）$\times 10^{-6}$。

A．600　B．700　C．900　D．1 200

254．1999年生产的最大装载质量为3 500 kg的在用汽油车HC怠速排放量应≤（　　）$\times 10^{-6}$的含量。

A．700　B．1 000　C．900　D．1 200

255．光化学烟雾的形成是（　　）受阳光中紫外线照射后发生的化学反应。

A．HC　B．CO与HC　C．CO　D．SO

256．重型车怠速时，CO排放≤（　　）。

A．3%　B．6%　C．4.5%　D．1%

257．柴油车废气排放检测的是（　　）。

A．CO　B．HC　C．CO和HC　D．烟度值

258．汽油车检测排放时，发动机应处于（　　）状态。

A．中速　B．低速　C．怠速　D．加速

259．检测汽油车废气时，应清除取样探头上残留的（　　），以保证检测的准确性。

A．CO　B．HC　C．CO和HC　D．NO

260．检测排放时，取样探头插入排气管的深度应≥（　　）mm，否则排气管应加接。

A．200　B．250　C．300　D．350

261．采用不分光红外线气体分析仪测量汽车排放时，应将取样探头插入排气管中，深度等于（　　），并固定于排气管上。

A．200 mm　B．400 mm　C．800 mm　D．900 mm

262．柴油机取样装置的取样探头固定于排气管内，插入深度等于（　　）mm。

A．400　B．500　C．300　D．200

263．《汽油车排气污染物的测量怠速法》规定汽油车排气污染物检测时，应采用（　　）。

A．不分光红外线分析仪　B．滤纸式烟度计　C．声级计　D．烟度计

264．（　　）气体不是汽车废气排放的主要气体。

A．NO_x　B．SO_2　C．HC　D．CO

265．在检测排放前，应调整好汽油发动机的（　　）。

A．怠速　B．点火正时　C．供油量　D．怠速和点火正时

266．柴油车废气检测时，发动机首先应（　　），以保证检测的准确性。

A．调整怠速　B．调整点火正时　C．预热　D．加热

267．使用不分光红外线（NDIR）气体分析仪测量汽油车排放污染时，是在汽油机（　　）工况下测量的。

A．怠速　B．自由加速　C．全负荷　D．低速

268．发电机电枢轴轴向间隙≤（　　）mm。

A．0.10　B．0.15　C．0.20　D．0.25

269．验收发电机时，检查其有无机械和电路故障，可采取（　　）试验进行检查。

A．负载　B．启动　C．空转　D．手动

270．发电机转子端隙应≤（　　）mm。

A．0.10　B．0.20　C．0.25　D．0.30

271．起动机的空转试验不得越过（　　）min。

A．0.5　B．1　C．1.5　D．2

272．起动机在做全制动试验时，除测试电流、电压外，还应测试（　　）。

A．转速　B．转矩　C．功率　D．电阻值

273．起动机进行全制动试验时，接通应≤（　　）s。

A．5　B．10　C．15　D．20

274．起动机电枢轴的径向跳动应≤（　　）mm。

A．0.05　B．0.10　C．0.15　D．0.20

275．起动机空转的原因是（　　）。

A．电磁开关铁芯行程太短　B．单向离合器失效打滑

C．起动机内部短路　D．电磁开关断路

276．起动机电磁开关吸拉线圈的电阻值应为（　　）Ω。

A．1.5 ~ 2.6　B．1.6 ~ 2.6　C．2.6 ~ 2.7　D．2.7 ~ 2.9

277．滚柱式单向离合器传递转矩≥（　　）N · m。

A. 15　B. 20　C. 25　D. 30

278. 起动机在进行全制动测试时，若力矩和电流值均偏低的原因是（　　）。

A. 起动机内衬套配合过紧　B. 起动机内部接触不良

C. 起动机有拖底　D. 负载过大

279. 分火头端部与旁电极有（　　）mm的间隙。

A. 0.2～0.8　B. 0.8～1.6　C. 1.6～2.0　D. 2.0～2.5

280. 火花塞击穿空气间隙的点火能量约需（　　）J。

A. 40　B. 50～80　C. 90　D. 100

281. 拆下火花塞检测，如为赤褐色或铁锈色，表明火花塞（　　）。

A. 积碳　B. 生锈　C. 正常　D. 腐蚀

282. 火花塞的电极间隙一般在（　　）mm范围内。

A. 0.1～0.3　B. 0.3～0.5　C. 0.5～0.7　D. 0.7～0.9

283. 点火线圈的工作温度一般≤（　　）。

A. 60 ℃　B. 80 ℃　C. 100 ℃　D. 120 ℃

284. 启动发动机时，每次接通起动机的时间应≤（　　）s。

A. 5　B. 10　C. 15　D. 20

285. 在发动机停机的状态下，测定点火器输入电压。此电压值约（　　）V。

A. 12　B. 5　C. 24　D. 2

286. 发动机点火提前角一般在（　　）。

A. 1°～8°　B. 8°～38°　C. 15°～58°　D. 20°～68°

287. 点火正时灯检测点火正时时，应将传感器夹在（　　）上。

A. 一缸高压线　B. 中央高压线

C. 点火线圈负极接柱　D. 汽车蓄电池正极线

288. 检测汽车点火正时，当急加速时，若发动机出现长时间的敲缸声，则为（　　）。

A. 点火正时　B. 点火过早　C. 点火过晚　D. 点火错乱

289. 对于普通电子点火系来说，（　　）说法是正确的。

A. 点火正时比传统点火系更准确　B. 点火正时是由点火控制器控制的

C. 点火正时是由分电器控制的　D. 点火正时不需调整

290. 检测汽车上的喇叭性能时，声压级的位置应在车辆（　　）。

A. 前方7 m　B. 前方5 m　C. 后方7 m　D. 后方8 m

291. 机动车喇叭声级检测，距车前2 m、离地高1.2 m测量时，其值应为（　　）dB。

A. 90～115　B. 80～105　C. 80～115　D. 80～125

292. 前照灯检验前的技术要求是（　　）。

A. 检测仪受光面应清洁

B. 对手动式前照灯检测仪应检查其电池电压是否符合要求

C. 轨道内应无杂物，使仪器移动轻便

D．前照灯应清洁

293．在进行汽车前照灯检测时，汽车的状态应为（　　）。

A．电源处于充电状态　B．发动机处于熄火状态

C．电源处于放电状态　D．发动机处于高怠速运行状态

294．检测前照灯的近光束的照射位置，前照灯距离屏幕前（　　）。

A．10 m　B．5 m　C．15 m　D．12 m

295．发动机电子冷却扇的控制温度为（　　）。

A．75 ℃　B．85 ℃　C．93 ℃　D．100 ℃

296．汽车空调装置的检漏可用丙烷火炬测漏仪，检查在测试其管路及接口时如火焰颜色为绿色表示（　　）。

A．略有漏气　B．大量漏气　C．为正常　D．大量漏水

297．当汽车制冷效果不好时，（　　）的说法是不正确的。

A．可能是制冷剂不足　B．可能是压缩机功率下降

C．可能是冷却风扇电路有故障　D．可能是空调开关有故障

298．对于空调制冷系统来说，（　　）是正确的。

A．制冷剂和冷冻油都应按标准加注，多了和少了制冷效果都不好

B．制冷剂多了，对制冷效果有好处

C．冷冻油多了对制冷效果有好处

D．对于制冷剂没有严格要求，加足为止

299．汽车空调的性能试验将发动机的转速维持在（　　）r/min，鼓风机开关置于高挡。

A．8 000　B．1 000　C．1 500　D．3 000

300．用汽车万用电表测量空调出风口湿度时，温度传感器应放在（　　）。

A．驾驶室内　B．驾驶室外　C．高压管路内　D．风道内

二、判断题（下列判断正确的请打“√”，错误的打“×”）

（　　）1．汽车检测是指确定汽车技术状况或工作能力进行的检查和测量。

（　　）2．综合性能检测的目的是建立安全和公害监控体系，确保车辆具有符合要求的外观容貌、良好的安全性能和符合规定的尾气排放物，在安全、高效和低污染下运行。

（　　）3．凡检测到的零件磨损尺寸和形位误差在大修允许的范围内的为可用件。

（　　）4．浸油锤击法是一种探测隐蔽裂纹最简便的方法，只需要有煤油和小手锤就行。

（　　）5．用粉渍法检验曲轴裂纹，先将曲轴用柴油洗抹干后，在曲轴表面均匀地涂上一层滑石粉，用小手锤轻敲曲轴臂，曲轴如有裂纹，滑石粉变成黄褐色。

（　　）6．检测零件用的磁力探伤法是属于化学检测的方法。

（　　）7．所有检测设备在使用前不必进行预热。

(　　) 8．测齿游标卡尺由垂直和水平的两卡尺结合一起，可用来测量齿厚，以检查齿轮的磨损情况。

(　　) 9．气门杆与气门导管的配合间隙，可用百分表测量。

(　　) 10．挺杆直径的磨损可用卡规或外径分厘卡测定。

(　　) 11．测量活塞与气缸壁间隙，用量缸表。

(　　) 12．气缸圆度和圆柱度的检测数据，是用量缸表测得数据后相对比较出来的。

(　　) 13．指针式检测设备在使用前应检查指针是否在机械零点位置上，否则应调整。

(　　) 14．传动系滑行距离可在惯性式底盘测功试验台上进行检测。

(　　) 15．传动系功率消耗可用五轮仪在道路试验中进行检测。

(　　) 16．传动系游动角度测量仪可以检测离合器是否打滑。

(　　) 17．光学式车轮定位仪是一种动态检测车轮定位的仪器。

(　　) 18．四轮定位仪是专门用来测量后轮外倾角和后轮前束等定位参数的。

(　　) 19．解码器可以读取故障码，还可以解码和清除故障。

(　　) 20．同心度检验仪用于检验气门座圈锥面与气门导管孔的同心度情况。

(　　) 21．利用转动系游动角检验仪可对各传动部分的游动角度进行检验。

(　　) 22．活塞垂直度检验器用于检查活塞顶部与活塞裙部的垂直度。

(　　) 23．采用转向参数测量仪或转向测力仪等仪器，可以测得转向力及对应转角。

(　　) 24．气缸体不同轴度检验仪用于检验气缸体各主轴承孔轴线与曲轴轴心线的同心度。

(　　) 25．气门正时检验仪器与极点检查仪两者配合使用，可测量出各气门的开启、关闭控制点，从而测量出各气门的开、关时刻及各气缸的配气相位。

(　　) 26．侧滑试验台是使汽车在滑动板上驶过，用测量滑动板左、右方向移动量的方法来检测前轮侧滑量并判断是否合格的一种检测设备。

(　　) 27．平板式制动试验台有测试平板共4块，一次制动可同时检测2个车轮的制动力、轮重和悬架工作情况。

(　　) 28．平板式制动检验台较容易将制动检验台与轮重仪、车速表检验台、侧滑检验台组合在一起，使汽车检测更加方便高效。

(　　) 29．制动性能的台架测试只能在平板式制动检验台和滚筒反力式制动检验台上进行。

(　　) 30．对台试检验的结果发生争议时，或无法采用台试检验方法进行检验时，可以用路试检验方法进行制动性能检验，并以满载状态路试的结果为准。

(　　) 31．用滚筒式制动检验台检验行车制动时，不需要测取制动协调时间。

(　　) 32．示波器可以将测得波形与标准波形同时显示，进行比较，可获得故障部位信息。

（　　）33．使用发动机综合分析仪可利用多缸重叠波去诊断凸轮磨损情况。

（　　）34．使用发动机综合分析仪可观测各缸的平列波形，可了解各缸点火高压的峰值。

（　　）35．在测功机上测定发动机功率时，是在不带空气滤清器、冷却风扇、消声器、发电机等条件下进行的。

（　　）36．检验凸轮轴，如果凸轮的顶端的磨损＞2 mm时应予修复。

（　　）37．气门弹簧不允许有任何裂纹或折断，自由长度及在规定压缩长度内的相应压力，应符合原厂规定。

（　　）38．测量轴颈的圆度，是在垂直于轴颈轴线的同一截面的两相垂直直径最大差值。

（　　）39．气缸圆度、圆柱度虽未超过标准，但缸壁上有严重的沟槽、拉痕或麻点，也应镗缸。

（　　）40．气门与气门座的密封检测，可用简便的铅笔画线方法进行。

（　　）41．用启动电流或启动电压降或气缸压力测试仪检测气缸压力时，无需拆下火花塞。

（　　）42．发动机大修竣工后，发动机以500～600 r/min运转时，进气歧管真空度应稳定在50～70 kPa。

（　　）43．GB/T18297—2001《汽车发动机性能试验方法》中规定：柴油发动机在正常环境温度和低温-10 ℃时，都能顺利启动，允许启动3次。

（　　）44．大修竣工发动机的气缸压力应符合原设计规定，每缸压力与各缸平均压力的差，汽油机≤10%，柴油机≤8%。

（　　）45．活塞式输油泵中，活塞弹簧的预紧力降低，会使柴油机喷油泵低压油腔压力降低，供油量减少。

（　　）46．柴油发动机燃料系中的喷油泵总成的检测工作，一般是在喷油器试验台上进行。

（　　）47．检验离合器从动盘钢片翘曲时可放在专用架上用外径分厘卡测量。

（　　）48．离合器打滑频闪测定仪不可用来检查离合器是否有打滑现象。

（　　）49．传动轴伸缩套花键槽的磨损，可用标准花键端及带架百分表检验。如配合间隙＞0.50 mm时，应予修理。

（　　）50．传动轴修复后，应进行动平衡（或静平衡）检验，一般允许其不平衡度为50～100 gf · cm。

（　　）51．主减速器圆锥主动齿轮螺纹损伤应≤3牙。

（　　）52．有些汽车，尤其是轿车不仅具有前轮定位，还具有后轮外倾角和后轮前束等定位参数。

（　　）53．适当加大主销内倾角可以使转向轻便，但主销内倾角不宜过大，否则会造成轮胎的过度磨损。

（　　）54．左右轮胎气压不一致会造成转向盘自由转动量过大。

（　　）55．转向轮定位失准会造成自动跑偏。

（　　）56．检测车轮定位时，汽车轮胎及气压应符合规定。

（　　）57．前轮侧滑量的检测需用静态检测法，检测的主要目的是为了确知前轮前束与前轮外倾配合是否恰当。

（　　）58．检测到的前轮内倾角的大小决定于前轮的侧滑量的多少。

（　　）59．转向轮单边制动或单边制动拖滞会造成自动跑偏。

（　　）60．采用真空助力的制动系，当真空助力器失效后，检测制动系仍应保持完好的制动性能。

（　　）61．制动检测时，被检汽车应尽量停正，否则制动力平衡极有可能由于左右两侧车轮与滚筒接触面积和状态的不同而达不到要求。

（　　）62．行车后检查左右轮毂和制动毂的温度，若温度不一致时，则说明高温一侧的制动器存在单边制动、制动拖滞或轮毂轴承装配过紧、损坏等。

（　　）63．制动距离或制动力是工作过程参数。

（　　）64．汽车制动距离：是指机动车在规定的初速度下急踩制动，驾驶人脚接触制动踏板时起至机动车停止，机动驶过的距离。

（　　）65．对于多轴驻车制动的汽车，应分别测出各轴的驻车制动力，并取其代数和作为该车的驻车制动力，依此判定被检汽车的驻车制动力是否合格。

（　　）66．车身骨架通常用检视方法或样板和通用量具检测。

（　　）67．采用通用量具检查骨架时，主要是测量乘客门框、侧窗框及车身骨架横断面龙门框架等对角线长度。

（　　）68．对客车来说，车身的检测还要包括车内噪声测量以及防雨密封性和防尘密封性测量。

（　　）69．最大设计车速＞120 km/h的车辆，其车轮应做动平衡检测。

（　　）70．GB/T 12478—1990《客车防尘密封性试验方法》中规定，货车的防尘密封装置不应有明显进尘现象。

（　　）71．微机控制自动变速器的机械试验内容包括液压试验、失速试验、时滞试验、液力变矩器试验和道路试验。

（　　）72．将多缸发动机次级电压的波形重叠在一起的波形称为直列波。

（　　）73．多缸发动机各缸的次级点火电压同时显示于屏幕，即为高压波。

（　　）74．多缸发动机各缸的次级点火电压同时显示于屏幕，即为重叠波。

（　　）75．怠速控制阀的工作电压为12 V。

（　　）76．节气门位置传感器输出的模拟电压信号随节气门的开度而增大。

（　　）77．节气门位置传感器的基准电压为12 V。

（　　）78．因热膜式空气流量计的信号是频率型的，所以用万用电表检测输出信号时，应选择电阻挡（Ω）。

（　　）79．进气压力传感器电源线的电压为12 V。

（　　）80．检测磁感应式曲轴位置传感器是否良好，仅需检查磁感应线圈阻值。

（　　）81．霍耳效应传感器信号是频率调制信号，其波形是正弦波。

（　　）82．启动信号、动力转向开关信号、制动开关信号都为正极型开关信号。

（　　）83．启动电路中，ECU控制的启动信号电压应为6 ~ 14 V。

（　　）84．多缸平列波是将某一缸高压油管中的压力随喷油泵凸轮轴转过360°时的变化情况显示出来的波形。

（　　）85．全周期单缸波是将各缸波形按着火次序自下而上单独放置并将其首部对齐的一种排列形式。

（　　）86．稳态测功是指在发动机试验台上由测功器测定功率的方法。

（　　）87．发动机的无负荷测功无需拆卸发动机，可以快速测定。

（　　）88．动态测功是指发动机在低速运转时，突然全开节气门或设置油门齿杆位置为最大，使发动机加速运转，用加速性能直接反映最大功率。

（　　）89．动态测功的测量精度比稳态测功的要高。

（　　）90．汽车技术状况是指定量测得的表征某一时刻汽车性能和外观的参数总和。

（　　）91．汽车滑行距离不是汽车性能参数，但其长短直接反映汽车底盘的技术状况。

（　　）92．汽车排放物污染与汽车的数量、气候条件有很大关系，排放污染物中CO、HC和NO_x是主要的污染物质，而CO所占比例最大。

（　　）93．用自由加速-不透光烟度法检测时，计算结果应取最后3次自由加速测量的算术平均值。

（　　）94．对台试检验的结果发生争议时，或无法采用台试检验方法进行检验时，可以用路试检验方法进行制动性能检验，并以满载状态路试的结果为准。

（　　）95．免维护蓄电池，“电眼睛”的颜色呈黄色表明电池存电不足。

（　　）96．发电机电压测试时，负载电压应低于参考电压。

（　　）97．起动机空载测试时，转速过高，耗电过大，表明电枢绕组有短路。

（　　）98．当飞轮上的点火正时记号与飞轮壳上的正时记号刻线对准时，第1缸活塞无疑正好处于压缩行程上止点位置。

（　　）99．前照灯在进行检测时只要求它的亮度，不要求它的照射范围。

（　　）100．在检测汽车前照灯远光光束发光强度时，电源系统不能处于充电状态。

三、简答题

1．什么叫汽车检测？

答：汽车检测是在不解体条件下，借助仪器设备，在一定程度上定量地确定汽车技术状况或工作能力的检查。

2．检测前照灯时，对被检车辆有何要求？

答：（1）清除前照灯上的污垢。

（2）轮胎气压应符合汽车制造厂的规定。

（3）汽车蓄电池应处于充足电状态。

3. 汽车安全检测线检测项目有哪些？

答：检测项目主要有外观检测、前轮侧滑检测、轴重检测、制动性能检测、车速表检测、前照灯检测、噪声检测、排气污物检测等。

4. 什么是发动机有效指标？

答：发动机有效指标是以曲轴输出功率为基础的性能指标，用来直接评定发动机实际工作性能的优劣，因而在生产实践中获得广泛的应用。

5. 用不透光计进行自由加速试验排气可见污染物检验，至少需要测几次？最终检测结果是怎么计算出来的？

答：至少需要测3次。计算结果取最后3次自由加速测量结果的算术平均值。

6. 发动机有效指标主要有哪些？

答：发动机有效指标包括动力性指标和经济性指标两类，具体有有效功率P_e、有效转矩M_e、平均有效压力p_e、有效燃料消耗率g_e、有效热效率η_e。

7. 柴油机供给系统的主要测试项目有哪些？

答：主要测试项目如下：

（1）观测压力波形。

（2）观测异常喷射。

（3）检测瞬态压力。

（4）检测供油正时。

（5）测量转速。

8. 发动机检测有哪些项目？

答：发动机检测项目有发动机功率的检测、气缸密封性检测、点火系统的检测、电控燃油喷射系统的检测、柴油机燃料供给系统的检测。

9. 一般汽车修理需要检验车架时，主要检验哪几个项目？

答：（1）检验钢板中心距和对角线车架的中心线。

（2）检验车架纵梁的平直度和垂直度。

（3）检验左右钢板弹簧固定支架销孔的同轴度。

（4）加固焊接部分以及铆钉松动情况。

10. 检测诊断参数的标准和选择原则是什么？

答：检测诊断参数标准可分为国家标准、行业标准、地方标准、企业标准。检测诊断参数的选择原则有灵敏性、单值性、稳定性、信息性、经济性。

四、论述题

1. 叙述用气缸压力表测量气缸压力的过程。

答：发动机正常运转，使水温达75 ℃以上。对汽油发动机，还应把分电器中央电极高压线拔下并可靠搭铁，以防止电击和着火。然后把气缸压力表的橡胶接头插在被测气缸的火花塞孔内，扶正压紧。节气门和阻风门置于全开位置，用起动机转动曲轴3～5 s（≥4个压缩行程），待压力表头指针指示并保持最大压力后停止转动。取下气缸压力表，记下读数，按下单向阀使压力表指针回零。依次测量各缸气缸压力，每缸测量次数≥2次。

2. 汽车为什么要进行四轮定位？电脑式四轮定位仪使用时有哪些注意事项？

答：四轮定位的前、后轮定位参数依赖于悬架机构有关部件的相互位置在一个统一基准（线或面）上的合理匹配，以实现转向系统行驶的稳定效应，使汽车具有良好的行驶平顺性和操纵稳定性。只有当前、后轮定位参数均按标准值调整得当时，才能保证汽车转向精确、运行平稳、行驶安全、降低油耗并减轻轮胎磨损。

电脑式四轮定位仪使用时的注意事项：

（1）使用之前检查电源电压是否相符。如果电源电压＞200～240 V，则必须配备电源稳压器后方可通电工作。

（2）不要让机器放置在潮湿的地方。

（3）检查每一个电器连接点的连接是否可靠。

（4）机器不能受到振动。

（5）必须有可靠的接地线接地。

3. 如何对仪器进行维护？

答：（1）导轨应每日清洗，其运行表面不得有砂粒、油泥及其他阻碍仪器运行的异物。

（2）前立柱应每日清洁，防止灰尘积聚。每日工作前，应为其加上适量的20#润滑油，以保证润滑良好。

（3）受光面正面的玻璃镜应经常用软布擦拭，不应有灰尘、油雾等阻碍光线透射的异物存在。

（4）后立柱每周至少清洁一次，并加上适量的20#润滑油，以保证润滑良好。

（5）传动链条每日清洁一次（可用棉布浸润柴油抹洗），并加上适量的20#润滑油或钙基润滑脂。

（6）传动轴承应每月加钙基润滑脂一次。

4. 试述气缸和冷却系统密封性检测的方法。

答：冷却系统密封性检测的主要目的是检查水箱、气缸体、气缸盖等本身和结合部位是否密封良好。测试冷却系统密封性的方法是：测试之前按规定在冷却系统中加入足够的冷却液，并使发动机暖机至正常工作温度；不使用连接器，直接将测试器装在散热器的冷却液注入口，在确定没有漏气的情况下拧紧；然后给冷却系统加压，使压力值达到规定值以上（一般为120～150 kPa）；检查冷却系统各部件及连接部是否有渗漏现象。

5. 电喷发动机喷油器的检测内容有哪些？

答：（1）检查喷油器的工作情况：怠速时，手触有振动感，若无，则喷油器不工作。

（2）检测喷油器线圈电阻：低阻型2～3 Ω，高阻型13～18 Ω。

（3）检测喷油品质：将喷油器安装在专用超声波喷油器清洗机上，直接检测雾化状况、喷油量和停止喷油后的漏油情况。

（4）检查喷油控制信号：

1）拔下喷油器插头，点火开关ON，测电源线电压，为12 V左右。

2）测信号线电压，怠速，为5 V左右。

3）在喷油器线路上串接发光二极管试灯，发动机运转时应闪烁。